中國學術思想 研究輯刊

三三編

林慶彰 主編

第 8 冊

漢代心性論研究（上）

張靜環 著

花木蘭文化事業有限公司

國家圖書館出版品預行編目資料

漢代心性論研究（上）／張靜環 著 -- 初版 -- 新北市：花木
蘭文化事業有限公司，2021〔民110〕
目 6+166 面；19×26 公分
（中國學術思想研究輯刊 三三編；第 8 冊）
ISBN 978-986-518-437-7（精裝）
1. 中國哲學 2. 漢代
030.8   110000655

中國學術思想研究輯刊
三三編 第 八 冊   ISBN：978-986-518-437-7

漢代心性論研究（上）

作　　者 張靜環
主　　編 林慶彰
總 編 輯 杜潔祥
副總編輯 楊嘉樂
編　　輯 許郁翎、張雅淋　美術編輯　陳逸婷
出　　版 花木蘭文化事業有限公司
發 行 人 高小娟
聯絡地址 235 新北市中和區中安街七二號十三樓
　　　　 電話：02-2923-1455 ／傳真：02-2923-1452
網　　址 http://www.huamulan.tw 信箱 service@huamulans.com
印　　刷 普羅文化出版廣告事業
封面設計 劉開工作室
初　　版 2021 年 3 月
全書字數 289433 字
定　　價 三三編 18 冊（精裝）新台幣 48,000 元

漢代心性論研究（上）

張靜環　著

作者簡介

張靜環（1961～）
臺灣屏東人
成功大學歷史語言研究所碩士（1991）
高雄師範大學國文學系博士（2020）

提　要

　　本研究主要探討漢代心、性、情、欲、志、意及心性的修養問題。全文共分九章，第一章「緒論」敘述研究動機、方法，及文獻回顧，並界說中國心性論的要點，以明本文所探討的課題。第二章「漢代以前之心性說」，是以重點式來簡述漢以前《書》、《詩》、《左傳》、儒家、道家、法家之心性論發展，作為漢代心性論發展脈絡與方向的依據。第三章至第六章，以時間來劃分漢代心性思想的發展，共分「西漢前期」、「西漢後期」、「東漢前期」、「東漢後期」四個時期，探討 18 家之心性論。第七章「漢代心性論之特質」，即綜論漢代心性論發展所形成之特徵，以概述漢代心性論整體的發展。第八章「漢代心性論之影響」分別從對後代心性論與當代現實二方面，探討漢代心性論的影響。第九章「結論」，主要針對宋張載、周敦頤對漢代心性論的評論，作一番的說明，並提出在中國心性論的「善惡本質說」、「向善實踐說」、「天人和諧說」、「知性致命說」等發展特點中，論述漢代心性論亦居重要的呈現啟後的地位。

第一章 緒 論

第一節 研究動機

「心性論」是中國思想史上的一個核心問題，它所概括多種範疇，是本體論、價值論、認識論，又是倫理學與心理學的問題，它探究人的本質、本性、價值、理想，以及人生的終極意義與關懷，可以表達人類不斷提升的自我與社會需要。但它困撓人類社會的現實問題，也困撓學術界的理論問題。因此，學者對於心性問題始終眾說紛紜，也是筆者想探其究竟的原因。

而漢代心性論是先秦心性思想的發展，由於漢代只有幾位少數思想家，有專篇論及心性的問題，多數思想家之心性說，多散佈於其著作各篇之中，甚至只有三言兩語，因此，資料的分散與缺乏，致使研究漢代心性論者，多集中專研幾家而已。即使能廣及整個漢代的心性論，也還是以幾位大家為代表，無法概括漢代心性思想的發展。而漢代心性問題的重要性，在當時王充就已重視，並以專篇《論衡·本性》來討論其時代與其以前的心性思想。然至今少有漢代心性論之專著出現，所論及者，多見於以儒家人性論史、漢代思想史、中國人性論史、中國心理學史等為題之著作中。在整個中國人性發展史中，漢代心性說只能算是寥若晨星而已。雖大陸李沈陽於 2008 年有《漢代人性論研究》之博士論文，然其著重於人性善惡本質，與整個漢代人性的發展脈絡為主，少探討到「心」在人性論中的地位與價值，及漢代人性與先秦心性之關係。因此，本論文在前人研究的成果上，繼續尚未釐清或周備的問題，尤其期望能補足以往對「心」的探討，使漢代心性的研究更為完整、充實。

第二節　研究範疇

　　哲學是對自我與世界問題的探尋，具體來說，其所追問的是：我可以知道什麼？我應該怎麼做？我能期望什麼？及人是什麼？皆以人為出發的中心，不離求生存與求生存意義的兩個議題，涉及的是道德實踐、認識範圍、終極關懷，與人的本質。而道德實踐是具體展開成聖的功夫；認識範圍是成聖的過程；終極關懷是聖人境界的期望，而人的存在本質與這些問題彼此交融。人的本質包含著人的來源、人的定義、人的特徵等課題，是屬心性論的範疇。

　　對心性含義的看法，不論中西方長期以來，是爭論最多，分歧最大的概念。就西方來說：蘇格拉底（Socrates，西元前470～前399）認為人性含有理智（wisdom）、節制（temperance）、勇敢（courage）、公正（justice）四種德性。柏拉圖（Plato，西元前427～前347）以為人性包含知識、思想、知性的「智」，與感情、精神、勇氣的「情」，及慾望、食慾、衝動的「意」。〔註1〕康德（Kant，西元1724～1804）認為在我們一切的經驗中，最不變的就是道德觀念，而它是屬於天賦的。〔註2〕他們都從道德的觀點研究心性。而社會學家則以人類的基本能力來分析心性。經濟學家則認為人性是「好利惡害，追求欲望」。心理學家則企圖從人行為的動機來看人性。不同學術領域對人性探析，就有不同的側重方向。西方的心性論大多不是要給「心性」下一個明確的價值判定或價值區分，而是強調道德社會地位與社會功能，並進一步強調人的心理作用，以肯定人的「自利性」，並在「自利」的邏輯基礎上，展開法治與民主制度的探討，使社會運行更為合理，以達到和諧的地步。

　　而中國對「心性論」的界說，可分以下幾點說明：

（一）以心、性、情、欲、命為內容

　　徐復觀說：「人性論是以命（道）、性（德）、心、情、才（材）等名詞所代表的觀念、思想，為其內容的。人性論不僅是作為一種思想，而居於中國

〔註1〕威爾・杜蘭著；許大成等譯《西洋哲學史話》（臺北：協志工業叢書，1964.6）頁23。

〔註2〕威爾・杜蘭；許大成等譯《西洋哲學史話》（臺北：協志工業叢書，1964.6）頁258：「在我們的一切經驗中，最令人驚訝的不變的實在（科學是屬於現象）就是我們的道德觀念，或者我們在面臨誘惑時候所產生的是非的感覺。」

哲學思想史的主幹地位。」〔註3〕方東美在歸類人性論之類型時，即以心、性、意、知、情、欲等作為分類的本然要素。〔註4〕人性論是探討命、性、心、情、意、知、欲、才等思想為內容。又鄔昆如說：「『安頓人生』是要把握住人性的基本功能：『知』、『情』、『意』三者。」〔註5〕處理人性的內容也就是解決人生的課題。換句話說，心性論是人安身立命的學問。

（二）以道德為自覺

鄧公玄說：「整個人性問題，也就是道德自覺的問題。」〔註6〕「道德」是指導人們社會實踐的規範體系。但為什麼是「道德」？人類社會為什麼有「道德現象」？要從不同時代和社會追究這種人類共同束西的根源，一定不在「道德」的客體現象上，而要追溯到道德主體——人，更深入地，應探索到人行為的內在動因與需要。「道德」的存在是人類無法擺說的，是人的內在需要，不是一些哲人或是「神」好事所定出來的規範，而是出之於人內在的必然需要，即源於人的本性。中國哲學家們試圖通過對心性的探討，來解決與證明道德修養的問題，即如張岱年說：「道德起源問題即是道德意識與道德感情之來源的問題，在中國古代，以人性論為表現形式。」〔註7〕換言之，也可說通過道德修養使人提升到理想人格的境地。因此，在理論型態上，道德問題與心性論是緊密相連；心性論是道德修養論的基礎；道德完善（成聖）是心性論的目標。

（三）以價值觀為目標

心性論建立了中國傳統的價值目標，傅佩榮：「任何文化傳統在其根源上，都有一套明確的人性論，同時，任何存在的社會都有某種價值觀，這種價值觀也是建立在人性論上面的。」〔註8〕價值觀是基於人的歷史需要，通過人們的行為取向及對事物的評價、態度反映出來，形成多樣的價值目標，是驅使人們行為的內部動力。事實上，道德意義的「善」、「惡」與「好」、「壞」就是價值的規定，價值觀念與原則是構成道德意識的內容，而道德意識就是心性

〔註3〕徐復觀著《中國人性論史·先秦篇》（臺北：臺灣商務印書館，1969.1）頁2。
〔註4〕方東美著《人生哲學》（臺北：黎明書局，1982）頁144。
〔註5〕鄔昆如主編《哲學概論》（北京：中國人民大學出版社，2005.2）頁9。
〔註6〕鄧公玄著《人性論》（臺北：中國文化大學出版部，1981.10）頁2。
〔註7〕張岱年《中國倫理思想研究》（臺北：貫雅文化事業有限公司，1991.7）頁13。
〔註8〕傅佩榮撰《中國人的價值觀——人文學的觀點·人性向善論的理據與效應》（臺北：桂冠出版社，1993）頁153。

的自覺。

價值觀的特點不是在於解釋現象，而是主要在於為行為提供一種內在的準則與引導。各家的心性學說，在盤根問底的「認識自己」，其目的是給人一個最終定義，與明確的價值與定位。中國先哲就是在不斷持續的「認識自己」與「自我反省」之下，形成中國傳統文化的「人學」特色。

（四）以宇宙論為根源

以「認識自己」來探討人生存與求生存意義，而啟發出對心性的問題的研究，則不能不找尋人性的根源。這或許是有限性的人，想通過超越性的天或自然來建立人的存在與意義。因此，心性論要確立人的本體存在，就不能不討論宇宙論，與人與自然關係的問題。因此，宇宙結構影響心性因素，這也是傳統哲學先要「定位宇宙」然後才在宇宙中「安排人生」原因。

（五）以形而上為思維方式

探討人之心性是什麼？心性如何？或是人的根本是什麼？人為什麼會這樣？總希望有一個簡潔而明瞭的答案，此答案最好也能符合人的諸多表現的合理闡釋。當有簡明概括的想法時，已進入到「形而上」的思維，及「形而上」的探究。

中國對人性問題的探討，主要是從善與惡的價值區分與判定的角度展開的，從性無善惡，或性善，或性惡，或善惡混的類型和脈絡，延伸進而強調人的心理傾向，而展開對政治、制度、教育、刑法的探討，以探求社會運行的合理與和諧。所以，人之心性研究不應只是靜態狀況的剖面敘述，而應是人之全面活動，是動態描述。從某種意義上說，「心性」問題，可能永遠沒有真正的答案。但無論如何，它是屬於形而上的概括思維的方式。

（六）以社會性為條件

心性論是與當時社會歷史發展相連繫的，在某程度上反映了當時社會歷史條件下的生存狀態。因為社會環境提供了人活動的場域，對人的探究在很大成分上會取決於社會環境與人相互間關係的認識，所以一般心性理論在特定的社會歷史的條件下，會有特有的解釋與評價，即如楊國榮說：「人性理論總是涉及對現實主義既成本性的理解。」〔註9〕所以，人與社會是同時產生與

〔註 9〕楊國榮著《善的歷程》（上海：人民出版社，2000.5）頁 184。

共同發展的，心性的產生與發展不是純粹的自然過程，而是有某程度的社會實踐過程。蒙培元在《中國心性論》中說：「心性問題的提出和討論，不僅標誌著對人的問題的普遍重視，而且反映了中國封建社會以農業自然經濟為基礎，以家族血緣關係為紐帶的社會結構的特點。」〔註10〕即把社會性納入為心性條件的看法。而從社會關係出發來探討心性的多樣性，是現代心性論的特徵，此可避免心性理論研究止於一般性的規定。

故心性論是道德、價值觀、天人關係與社會歷史的問題。蒙培元有一段話可以簡單概括心性論的含義，他說：

> 中國心性論，既是本體論，又是價值論；同時還是包括許多認識論
> 和心理學問。它以探就人的本質、本性、使命、價值、理想和人生
> 的終極意義為根本的內容，以揭示主體精神、主體意識為特徵的存
> 在認知、本體認知為基本方法。……但這並不是說，心性論僅僅是
> 從人自身出發來說明人的問題，實際上，它和中國哲學中的天人關
> 係這個基本問題是密切聯繫在一起的。它要確立人的本體存在，就
> 不能不討論宇宙論及人和自然界的關係問題。〔註11〕

本論文以漢代之心性論為分界，故劃定漢代思想家，以探討各家心性思想為中心，並上述其與先秦或當時前輩之心性的繼承關係，下探對後代思想家心性之影響，及綜論漢代心性論的特質與當代的現實意義，以兼顧漢代心性之全面的發展。

第三節　研究方法

本論文主要的研究方法，乃採文獻分析法、邏輯分析法、系統研究法。以文獻、邏輯分析法釐清思想家的心性概念，再藉由系統研究法，從縱、橫面完成整體架構。此三個步驟不能割離，彼此兼具離析與組織，設問與答對的過程。

（一）文獻分析法——立足原典，參證僉議

此法乃從研讀相關的文獻資料，把握文獻資料的步驟有二：（1）原始之文獻，本論文以漢代心性論為重點，旁及先秦之繼承，與後代之影響，故此

〔註10〕蒙培元著《中國心性論》（臺北：台灣學生書局，1986.4）頁3。
〔註11〕蒙培元著《中國心性論》（臺北：台灣學生書局，1986.4）頁1。

部分文獻，包括漢代思想家之著作，如陸賈《新語》、董仲舒《春秋繁露》、《淮南子》、《老子河上公注》、揚雄《太玄經》、王充《論衡》、《白虎通義》、王符《潛夫論》、《老子想爾注》、《周易參同契》等著錄。及《論語》、《孟子》、《莊子》、《荀子》、《人物志》、《抱朴子》、《劉子新論》、《通書》、《潛書》等先秦與魏晉、宋、清之專門著述。另外包括相關史實的文獻，如：《史記》、《漢書》、《後漢書》、《隋書》、《高士傳》等。以掌握各思想家之生平、性格的理解，與心性思想，及後人看法。（2）後人對漢代心性思想的研究，此部分有助於筆者對各家思想的把握，與概念釐清，以架構出各家心性論的原貌。例如：董仲舒雖有聖人之性、斗筲之性、中民之性之三品說，但主張人性只有善惡相混的中民之性。荀悅雖有言「得施之九品」，其人性實分十一品。因此，透過文獻的閱讀，能有效歸納、解析種種觀點，並能統合出系統脈絡。

（二）邏輯分析法——策劃線索，概括明義

經過文獻資料的閱讀，得出各思想家所謂心、性、情之概念。而概念與概念的會通，與觀點確立的考證有賴邏輯分析的運用。例如，幾位學者認為董仲舒有言聖人之性、斗筲之性、中民之性之三品，故以為董仲舒主張人性三品說。然筆者根據董仲舒曰：「天兩，有陰陽之施，身亦兩，有貪仁之性。」及「天之道，終而復始，故北方者，天之所終始也，陰陽之所合別也。冬至之後，陰俛而西入，陽仰而東出，出入之處，常相反也，多少調和之適，常相順也，有多而無溢，有少而無絕，春夏、陽多而陰少，秋冬、陽少而陰多，多少無常，未嘗不分而相散也，以出入相損益，以多少相溉濟也。」（《春秋繁露・陰陽終始第四十八》）陰陽相濟，多少損益的道理，陰陽二氣在人為人之性情，也當出入損益，多少相溉濟，二氣相互增減，沒有絕滅的情況。所以，於人之性情，也是善惡多少損益，故應無純善無惡的聖人之性，與純惡無善的斗筲之性，只存在著善惡相混的中民之性而已。又如經邏輯分析，得出賈誼融貫各家思想，並以道家劃分出形上之抽象精神層面與形下的現象界為圖式；吸收道家之「道」，作為其宇宙萬物之根源，完成其宇宙論與本體論；參合儒家之仁義道德與法家之術，建立其現實經驗法則。

又如劉向對人性善惡的問題，沒有直接的確切說明，後人多持不同的看法，然根據王充引述劉向反駁荀子性惡論的言論，與其自述的文句中，如《新序・雜事》說：「故凡學非能益之也，違天性也，能全天之所生而勿敗之，可謂善學者矣。」認為後天的學習，是無法令人增加甚麼，能夠保全天生之所

有而勿失，就是好的學習。故人天生就有善之質；又《說苑·建本》引《論語》說：「子路曰：『南山有竹，弗揉自直，斬而射之，通於犀革。又何學為乎？』孔子曰：「括而羽之，鏃而砥礪之，其入不益深乎？』子路拜曰：『敬受教哉！』」（《說苑·建本》引《論語》）強調的是學習可以使自然之質發揮；論及樂的產生，是先王本其情性，或君子反情和其志，而制，是本於人之心志而表達出來的。經邏輯分析結果，得知劉向主張性善論，然其不言性善，善質須待學習才能發展出來。

（三）系統研究法──組織理論，綜述模式

本論文的研究目的，期望能較前人研究漢代思想家之量與內容完整之質的充實外，也能探究漢代心性論對時代之意義，與其承先啟後的關係發展。所以，有必要將心性思想與漢代社會、政治、制度，與先秦、後代心性論作步驟、順序、需要的條件關係連結。故藉助系統研究方法，組織整個漢代心性論發展，梳理出其特質與時代之意義與影響，以達在分析各漢代思想家心性思想的點的層面外，又作到以時間與空間交錯的綜述。

第四節　文獻回顧

歷來有關漢代心性論之研究的專著頗多，但主要見於六方面：（一）中國思想史著作之漢代思想中涉及心性論者，如：羅光《中國哲學思想史》、勞思光《新編中國哲學史》、馮友蘭《中國哲學史新編》、任繼愈《中國哲學史》、周桂鈿《中國歷代思想史》、張岱年《中國哲學史大綱》、趙紀彬《中國哲學思想》、歐崇敬《中國哲學史》等。（二）漢代思想之著作中涉及心性部分，如：徐復觀《兩漢思想史》、周紹賢《兩漢哲學》、黃錦鋐《秦漢思想研究》、曾春海《兩漢魏晉哲學史》、龔鵬程《漢代思潮》、于首奎《兩漢哲學新探》、周桂鈿《中國歷代思想史·秦漢卷》、金春峰《漢代思想史》、祝瑞開《兩漢思想史》、張國華《中國秦漢思想史》等。（三）中國人性論史著作中論及漢代的部份，如：唐君毅《中國哲學原論·原性篇》、張松禮《人性論》、鄧公玄《人性論》、沈清松等著《中國人性論》、蒙培元著《中國心性論》、姜國柱與朱葵菊著《論人·人性》、廖其發《先秦漢代人性論與教育思想研究》。（四）以思想學派為研究對象，而涉及漢代心性論者，如：杜維明《儒家自我意識的反思》、李景明《中國儒學史，秦漢卷》、余書麟《中國儒家心理思想史》、張豈之《中

國儒學思想史》、陳麗桂《秦漢時期的黃老思想》、程兆熊《儒家思想：性情之教》、劉宗賢、謝祥皓《中國儒學史》、盧雪崑《儒家的心性學與道德形上學》、王明《道家和道教思想研究》、薛明生《先秦兩漢道家思維與實踐》等。（五）以研究漢代思想家為主，論及該思想家之心性論者，如：李威熊《董仲舒與西漢學術》、林麗雪《王充》、黃國安《王充評論》、韋政通《董仲舒》、黃盛雄《王符思想研究》、王青《揚雄評傳》、陳福濱《揚雄》、王永祥《董仲舒評傳》、王步貴《王符思想研究》、程宇宏《荀悅治道思想研究》等。（六）其他學術範疇，如：蕭公權《中國政治思想史》、張岱年《中國倫理思想研究》等。

對漢代心性之研究，散見其他著作之中，因此，所得多片斷與分離，就整個漢代心性的發展，難窺其梗概，例如：廖其發之《先秦漢代人性論與教育思想研究》，主要研究人性與教育的改善，然全書過半之篇幅多在討論先秦的人性論與教育問題，對漢代部分則略顯簡單。徐復觀《兩漢思想史》、曾春海《兩漢魏晉哲學史》、馮友蘭之《中國哲學史新編》與任繼愈之《中國哲學史》，專論秦漢思想，或有另立〈秦漢篇〉，而心性論只是在漢代思想家的部分觀點的呈現而已，雖學者所論能擲中要道，但尚有「點」精而「面」疏之憾。

在整個研究漢代心性論的專注中，較完整性的論述者，則屬以「心性」或「人性」為名之作。如唐君毅《中國哲學原論・原性篇》，唐先生本「哲學家以言哲學史之方式」，以思想家之思想線索，參尋錯綜而通觀而得一義理之世界。其中主要探討董仲舒、王充之性論，認為漢儒之言性，大體皆如董仲舒所持，以政施教及客觀宇宙之觀點，本陰陽之氣以論人性為主。又緣陰陽之氣不同組合，則人性有其品級之差別，由此，漢儒乃有性之三品、九品之論。並以漢代人性論是為「趨向於客觀政教之成就，而人性之問題亦漸轉成一客觀之論題」〔註12〕為特色。

姜國柱、朱葵菊之《論人・人性》、《中國歷史上的人性論》、《中國人性論史》三部著作，把中國人性論分成先秦、漢至唐、宋元、明清、近代五個時期，在第二個時期漢代中，述及賈誼、《淮南子》、董仲舒、揚雄、《白虎通》、王充、荀悅的人性論。《中國人性論史》把中國歷史上有代表性的人性觀點分成十三類：性自然論、人性善惡混論、人性無善惡論、人性善論、人性惡論、人性三品論、性情論、復性論、人性二元論、人性本體論、心性合一論、氣質

〔註12〕唐君毅《中國哲學原論・原性篇》（臺北：臺灣學生書局，1984.2）頁69。

即性論及其他諸論。而認為漢代人性論皆是「人性三品論」的觀點。《中國歷史上的人性論》中認為賈誼將人分成上中下三等，是孔子思想的引申，也是後來董仲舒的性三品的啟發。也以為荀悅主張人性有善有惡，故人性應分為三品，此說法有不同其他學者與本論文之處。

　　蒙培元著《中國心性論》以中國整個心性論發展為內容，有關漢代僅述及《淮南子》、賈誼、董仲舒、揚雄、王充、王符等人，佔全書的十分之一不到。此論著的特色，一能別於前人對「心」的探討，二能歸類漢代心性論之發展型態，如將《淮南子》題為「自然素樸論」；賈誼與董仲舒同題為「道德教化論」；揚雄、王充、王符同列「自然決定論」。此方法雖能展現思想家的心性特色，然賈誼與董仲舒為道德教化的主張者，然其他各家也有相同的思想。又將揚雄、王充、王符同列「自然決定論」者，乃因三人皆以「氣」自然作用而有人之心性。但就其原委，揚雄所謂的氣之上，還有一個「玄」，是推動陰陽二氣，生成天地，化育萬物之根源，也是心性的根源。而王符以「道者，氣之根也」，「道」才是使氣化的根本。故蒙培元於此之分類有過於簡化之憾。

　　論文方面，多以思想家為對象之單篇小型研究較多，如：馬育良〈董仲舒性情論思想研究〉、劉振維〈董仲舒「性待教而為善」的人性論〉、柳熙星〈董仲舒與孔孟荀人性論的演變〉、曾振宇〈董仲舒人性論再認識〉、顧玉林〈董仲舒「性三品」的人性論及神學化的思想傾向〉、陳碧娥〈董仲舒人性論辨析〉、戴黍〈《淮南子》人性與治道思想論析〉、李沈陽〈揚雄人性論辨析〉、鄭文〈揚雄的性「善惡混」論實際是荀況的性惡論〉、王真諦〈牟宗三對王充性命論理解之評析〉、陳麗華〈王充性命觀初探〉、錢國盈〈荀悅人性論〉、李建興〈試論王充的人性有善有惡說〉、吳麗娜〈王充與性命論〉、丁四新〈世碩與王充的人性論思想研究──兼論《孟子‧告子上》公都子所述告子及兩「或曰」的人性論問題〉，這些研究多只著重於漢代幾位重要思想家的人性論，所涉及的人物不夠廣泛；多屬孤立性的研究，則難以了解漢代心性論的內在發展歷程。

　　2005 年大陸李沈陽著有《漢代人性論發展脈絡研究》之碩士論文，內容以漢代之賈誼、董仲舒、揚雄、王充、荀悅、《白虎通》等為研究對象。主要探討其人性的起源、本性的價值判斷、改變人性的途徑，與人性相關概念。其所論之脈絡發展，是以時間為順序，分西漢前期、西漢中期、東漢後期三個時期，分別代表漢代人性論發展的萌芽時期、發展和分化時期、融合和轉

向時期。而於西漢中期之發展和分化時期，是以宇宙論為背景，探討宇宙論有濃厚神秘色彩之國家正統人性論，與宇宙論較無神秘色彩的非正統人性論。其論文以時間前後作為脈絡發展順序，確實掌握了思想發展的時間概念，但因為一個人觀念思想的成形，是有逐步發展的過程，更何況是一個長時代的思想文化的完成。而一個時代思想文化的實現，是有賴於那時期思想家們的哲思成果串連出那一時代的哲學色彩。《漢代人性論發展脈絡研究》只列舉六家人性理論，實無法代表四百多年漢代心性思想的發展。又李沈陽以宇宙論為背景探討漢代人性論，此方面雖契合漢代思想的發展是以宇宙論為最初的起點，然其分「正統」與「非正統」的人性論，則有只見林不見樹之失。且一位思想家之人性論的形成，有時不是只為政治服務的單一原因而已，他可能累積學習前人的成果，與人格特質，加上時代背景的影響，完成他個人理想的哲學理論，是否合乎政治立場不是唯一的考量，因此，以國家立場來歸類思想家的流派，則過於偏頗。又作者以具有神秘色彩的濃厚度，來分別正統與非正統的因素，則過於攏統不清。

2008 年李沈陽完成《漢代人性論研究》之博士論文，其分上下篇，上篇以研究各思想家之人性論為主，探討的思想家之數，是現今討論漢代人性論最多的專著。其內容主要偏重思想家的性情善惡問題，並未能跳脫前人的研究範圍，尤其「心」對人性的把握作用，包含知、志、意等問題，缺乏更深入的探討。下篇是探討漢代人性論與時代的聯繫。其中雖注意到了漢代人性論的內在發展脈絡，及不同時期所呈現的特點，卻忽略了客觀時代背景的影響作用。且對漢代心性發展的基礎——先秦部分，與下迄後代的影響，未能較有深入的探討。又其下篇，主要是通過與先秦、魏晉人性的比較，來歸納漢代人性論的特色，此用意深矣，然只是「漢代人性論」為研究對象來說，從漢代溯及以往，則易行，但若要再發展至魏晉人性論的研究，並加以比較，則非「漢代人性論」的主題，且若不就比較對象做完整的探討，何能達到深入的比較，此問題，即李沈陽《漢代人性論研究》的困難處。

本論文藉取前人的努力研究成果，引發靈感，以完成前人未完成的論題。尤其 2008 年李沈陽《漢代人性論研究》之博士論文的完成，是現今以「漢代人性論」為標題的較完整之專著，對本論文有重要指導的作用。而其所述及的思想家有 18 家之多，其探討議題，依舊未能跳脫前人的研究範圍外，就各家心性思想也多缺乏細密的分析，故未能突破前人的研究。本論文基於後出

轉精的用心，在李沈陽論文的基礎上，除《鹽鐵論》是依據漢昭帝時一次專門為是否廢除鹽、鐵、酒專賣制度的會議後，由桓寬所整理而成的論文集，其內容多述經濟、政治、軍事之治國方略，故本論文不作探討。而增加《周易參同契》的心性論，亦共 18 家。

　　本論文所論之 18 家中，因各思想家所論心性問題有深淺的差異，如《淮南子》、賈誼、董仲舒、揚雄、《白虎通義》、王充、王符、荀悅等 8 家，論及心性問題資料較多，故能作較詳盡的探討。因此，有關此 8 家之心性論，特別以「性論」、「心論」與「繼承與轉發」之單元，來探討以「性」與「心」為基礎，旁及情、欲、志、意及心性的修養問題，並述其心性觀點的繼承與轉發現象。而其餘各家基於有關心性論之資料的片段、不完整，只能盡力還原、整理出他們心性的看法。期望在漢代心論的研究上，更加了解與完備。

第二章　漢以前之心性論

第一節　《書》、《詩》、《左傳》之心性說

　　胡適認為「中國哲學到了老子孔子的時候，才可以當得『哲學』兩個字。我們可把老子孔子以前的二三百年，當作中國哲學的懷胎時代。」〔註1〕而羅光則以為春秋時期的二三百年，沒有專門的文獻，有的則是《書經》與《詩經》，因此中國哲學的懷胎時期，不能限於老子以前的二三百年，並認為研究中國的哲學的起源，更要以《書經》、《詩經》。而記事時間較孔子稍早或同時的《左傳》，是研究早期儒家思想的重要文獻。故本單元主要以《尚書》〔註2〕、《詩》、《左傳》之心性思想為探討對象，以探究早期心性思想發展的原由與脈絡。

〔註1〕胡適《中國哲學史大綱・卷上》（北京：東方出版社，2004.3）頁23。

〔註2〕《尚書》有秦博士伏生保存到漢代的今文《尚書》，與出自孔子舊宅由孔安國整理和注釋的古文《尚書》之兩種傳本。清初學者閻若璩在吳澄、梅鷟等人的研究基礎上撰《尚書古文疏證》認為古文《尚書》是東晉晚出之偽作，且得黃宗羲、紀昀、錢大昕、戴震、梁啓超、胡適等人給於相當高的評價。至今，現代學者張岩《審核古文《尚書》案》（北京：中華書局，2007.1）、張蔭麟〈偽古文《尚書》案之反控與再鞫〉（載於《燕京學報》，1929，第五期）之研究基礎上，並以今古文《尚書》和先秦兩漢數十種之文獻作字頻檢索、統計與比較分析，證明古文《尚書》是真實可信的古代文獻。又以《古文尚書》是晉梅賾所偽作來說，通常偽造的過程中，因為語言隔閡，文字使用可能無法還原當初的面貌，然內容觀念是可企及當時的思想背景。內容觀點契合被偽造時代思想也正是偽造者的主要用意。因此，本文不作今、古文《尚書》之分別。

一、《尚書》之心性說

（一）性說

性字見於《尚書》者計有：

1. 西伯既戡黎，……非先王不相我後人，惟王淫戲用自絕。故天棄我；不有康食，不虞天性，不迪率典。（〈商書・西伯戡黎〉）

2. 王先服殷御事，比介于我有周御事。節性，惟日其邁；王敬作所，不可不敬德。（〈周書・召誥〉）

3. 惟皇上帝，降衷于下民。若有恆性，克綏厥猷惟后。（〈商書・湯誥〉）

4. 伊尹曰：「茲乃不義，習與性成。予弗狎于弗順，營于桐宮，密邇先王其訓，無俾世迷。」（〈商書・太甲上〉）

5. 犬馬非其土性不畜；珍禽奇獸，不育于國。（〈周書・旅獒〉）

清阮元對〈召誥〉之性分析曰：

> 〈召誥〉所謂「命」，即天命也；若子初生，即祿命福極也。哲與愚、吉與凶、歷年長短，皆命也。哲愚授於天為命，受於人為性；君子祈命而節性，盡性而知命，故《孟子・盡心》亦謂口、目、耳、鼻、四肢為性也。性中有味、色、聲、臭、安佚之欲，是以必當節之。……七情乃盡人所有，但須治以禮而已，即〈召誥〉所謂「節性」也。〔註3〕

阮元一方面提到「授於天為命，受於人為性」，指出「性」、「命」是同一事。另一方面表示了「性」、「命」的內容包含人所有天生稟賦，例如：本能、欲求、情感、才能、年壽。「節性」就是要節制人的本能欲求和情感。對〈西伯戡黎〉之「不虞天性」則曰：

> 以虞、夏、商、周四代次之，性字始見於此。《周易》〈卦辭〉、〈爻辭〉但有命字，無性字。明是性字包括於命字之內也。此篇性字上加以天字，明是性受於天，《孟子》所謂「有性焉，君子不謂命也」。鄭康成注曰：「王……逆亂陰陽，不度天性，傲狠明德，不修教法。」鄭氏以度訓「虞」，以修教法訓「迪率典」，是也。「度性」與「節性」同意，言節度之也。〔註4〕

〔註3〕清阮元《揅經室集・性命古訓》（北京：中華書局，1985）頁191。
〔註4〕清阮元《揅經室集・性命古訓》（北京：中華書局，1985）頁193。

阮元依據鄭玄注《史記・殷本紀》：「維王淫虐用自絕，故天棄我，不有安食，不虞知天性，不迪率典」一段話，將「虞」字釋為「度」，然鄭玄之「度」字作「度知」之義，〔註5〕而阮元卻作「節度」解。故阮元是從鄭玄以「虞」作「度」之假借，而另作「節度」之義。「不虞天性」即不節制天性。而「天性」則指聲色之欲、哀樂之情。

傅斯年則從字源角度，認為先秦遺文的「性」字應作「生」，後人所謂的性者，其字義自《論語》始有，且說：

> 生之本義為表示出生之動詞，而所生之本、所賦之本質，亦謂之生。……古初以為萬物之生皆由於天，凡人與物生來之所賦，皆天生之也。故後人所謂性之詞，在昔僅表示一種具體動作所產生之結果，孟荀呂子之言性，皆不脫生之本義。〔註6〕

認為《書》中的性字皆作生解，表示出生之義。故傅斯年認為〈召誥〉之「節性」應作「節生」解，曰：

> 〈重己〉一篇皆論養生之道，末節尤明顯。凡所論節生之方，不出宮室、苑囿、飲食、衣服、輿馬、聲色諸端，於此數者必有所止，有所節，無逾于身體之需要，捐棄其放侈之享受，然後可以長生久視耳。此皆所以論養生，終篇之亂，應題節生，其曰「節性」曰「安性」者，後人傳寫，以性字代生字耳。節性之義既如是，則〈召誥〉之云「節性」，在原文必作節生明矣。〔註7〕

傅斯年引《呂氏春秋・重己篇》的「節乎性」來說明「節性」就是「有所節，無逾於身體之需要」。性字則指「宮室、苑囿、飲食、衣服、輿馬、聲色」等物質方面的需要，與阮元所謂之性包含物質與感情二層面有所差異。

孫星衍《尚書今古文注疏》也引《呂氏春秋・重己篇》的「節乎性」來說明「節性」之義：

> 節性者，《呂氏春秋・重己篇》云：「節乎性也」，〈注〉云：「節猶和也」。性者，天命五常之性；《說文》云：「人之陽氣性善者也。」
> 〔註8〕

〔註5〕江聲注曰：「王猶不度知天性，不遵循典法，言其昏亂。」
〔註6〕傅斯年《性命古訓辨證》（臺北：新文豐出版社，1985）頁109～110。
〔註7〕傅斯年《性命古訓辨證》（臺北：新文豐出版社，1985）頁52。
〔註8〕孫星衍《尚書今古文注疏》（臺北：台灣商務印書館，1976.10）頁52。

孫星衍采《說文解字》的性字釋義。許慎《說文解字》對性字的定義，是漢儒以陰陽、性情、善惡相對的氣化思想下的詮釋特色，當與「節性」之性本來沒有直接關係。而對〈西伯戡黎〉之「不虞天性」之天性，孫星衍作「善性」解。〔註9〕

　　徐復觀反對傅斯年把〈召誥〉之「節性」作為「節生」與〈重己篇〉之「節乎性」視為同義的看法，他說：

> 長生乃是完成了性所固有的壽。可以說，就具體的生命而言，便謂之生；就此具體生命之先天稟賦而言，便謂之性，這在《呂覽》中分得清清楚楚。《呂覽》的「節」字與「適」字常常可以互訓，因節是達到適的手段。前面一段話中的「節乎性」，乃指適合於由先天所稟賦之壽而言。既決不可以改作「節生」，更與〈召誥〉所說的「節性」毫無關係。〔註10〕

徐復觀贊同阮元把「性」訓為本能之欲的觀點，說：「〈召誥〉是周公誡勉成王之詞，所以要他『節性』，節性即同於節欲。」〔註11〕

　　另外對〈西伯戡黎〉之「不虞天性」之天性有不同看法者，如孫詒讓與牟庭二人將「虞」作「娛」字解，故孫詒讓認為「天性」指平民之生活或生命。〔註12〕牟庭認為「天性」指殷臣天倫之性。〔註13〕徐復觀則作本性、本質解。〔註14〕

　　近代學者對〈召誥〉之「節性」與〈西伯勘黎〉之「不虞天性」之性有不同看法，是因為涉及到對「節」與「虞」二字涵義不同而有所不同。

〔註9〕孫星衍《尚書今古文注疏》（臺北：台灣商務印書館，1976.10）頁184：「不虞天性謂不度善性。」

〔註10〕徐復觀著《中國人性論史‧先秦篇》（台灣：商務印書館，2003.10）頁8。

〔註11〕徐復觀著《中國人性論史‧先秦篇》頁7。

〔註12〕孫詒讓《大戴禮記斠補‧尚書駢枝》（臺北：文史哲出版社，1988.10）頁13：「不有康食，謂饑饉，不虞天性謂疫癘，皆天災也。虞，樂也。民不遂其生，是謂不樂其天性。」

〔註13〕牟庭《續修四庫全書‧同文尚書》（上海：古籍書局，2002）頁342：「紂之臣民，皆於新屬無恩，不能虞樂天倫之性。」

〔註14〕徐復觀著《中國人性論史‧先秦篇》頁58：「〈商書‧西伯戡黎〉中有『不虞天性』的話，此一性字，也是作本性、本質解。但就當時一般的觀念情形來說，作本性本質的性字的出現，似乎為時尚早。因此，我以為這是春秋時代，從事校錄的人，把『天命』偶寫成了當時流行的『天性』。」

就「節性」之性言，阮元的訓詁解釋是言之有據。傅斯年則以「性」作「生」字用，則對阮元言性是指人的本能欲求和情感之內容，有支持的作用，且與徐復觀認為性是本能之欲相似。故阮元、傅斯年、徐復觀於〈召誥〉所言之性相似，乃指人之欲望來說，而阮元認為性還包含人之情感，其涵義範圍較廣。

就「不虞天性」之性言。清儒有關這段文字的解釋，大致都以鄭玄〈注〉及《史記》為依據，而漢儒釋性多以陰陽比附善惡之性，則與「天性」無直接關係。又「不虞」的解釋，當無法決定「天性」之所指。若以阮元與徐復觀認為「天性」是指本能之欲求，或本性、本質，亦可行。

除了《尚書》之〈商書·西伯戡黎〉「不虞天性」與〈周書·召誥〉「節性」之性，學者有其他解釋外，其餘出現於《尚書》的性字，都作本能之欲求，或本性、本質解，皆指天生既有之質性來說，如徐復觀說：「有關性字早期的典籍加以歸納，性之本義，應指人生而即有之欲望、能力等言，有如今日所說之『本能』。」〔註15〕即告子所言「生之謂性」的含義。

（二）心說

《尚書》中的心，除了「我心之憂」（〈秦誓〉）、「宅心知訓」（〈周書·康誥〉）有感受、認知的作用，其亦能「厥心違怨」（〈周書·無逸〉）產生怨恨，與「其心愧恥」（〈商書·說命〉）、「罔有悛心」（〈泰誓〉）、「鬱陶乎予心，顏厚有忸怩」（〈夏書·五子之歌〉）有慚愧、知恥、悔改的反應，此羞恥之心就是孟子所說的「羞惡之心，義也」，是保守不敢為惡與積極為善的驅動力量，即「吉人為善，惟日不足；凶人為不善，亦惟日不足。」（〈周書·泰誓〉）以「為善」或「為不善」，是要成為吉人或凶人的作用力。因此，在《尚書》中的心是具有辨別善惡的認知與道德作用，但尚未發展出似孟子之本體道德心，然在孟子之「四端說」的發展過程中，可以在此找到了一點端倪。

但是《尚書》沒有進一步提出擴充羞恥之心的觀點，反而多以心的負面作用，主張要加以節制或涵養，如：「收放心，閑之惟艱」（〈周書·畢命〉）要收斂放恣之心，以防閑難事；「繩愆糾謬，格其非心」（〈周書·冏命〉）要糾正過失與邪僻不正的心；「猷黜乃心，無傲從康」（〈商書·盤庚〉）要去掉私心，不可傲慢放肆及追求安逸；「設中于乃心」（〈盤庚〉）要使心裡和善；「往盡乃

〔註15〕徐復觀著《中國人性論史·先秦篇》頁6。

心，無康好逸豫」（〈周書・康誥〉）要盡心，不要貪圖安逸享樂；「以義制事，以禮制心」（〈商書・仲虺之誥〉）用義來裁決事務，以禮來制約心裡的想法；「啟乃心，沃朕心，若藥弗瞑眩，厥疾弗瘳」（〈商書・說命〉）要像猛烈的藥物治病一樣，來敞開心泉與灌溉心田。

在《尚書》中「心」雖已具道德的特性，但更清楚意識到心容易放縱偏邪，此乃人心之普遍現象，故曰：「人心惟危。」因此主張心需要涵養工夫。然心的修養是以什麼為原則與最終的依歸？就在「道心惟微，惟精惟一，允執厥中」這段話中。

〈虞書・大禹謨〉：「人心惟危，道心惟微，惟精惟一，允執厥中。」之「人心」與「道心」被宋儒分別釋為「人欲」與「天理」，並會通《中庸》之「中和」思想，建立起宋代儒家心性理論。〔註16〕然《尚書》之人心與道心尚未建立起如宋儒所言之涵義。

〈大禹謨〉之「人心」乃指容易起「傲從康」、「康好逸豫」、「非心」、「放心」，而「以蕩陵德，實悖天道」（〈周書・畢命〉）之普遍人心，故曰：「人心惟危。」《尚書》中雖有認為人心會產生羞惡的道德感，但也僅只承認有此作用而已，尚未發展出本體的道德心。相反地，《尚書》多從非道德感上提醒人需要改過遷善，甚至直指人心是「非心」或「放心」。所以「人心惟危」是指危殆的普遍人心。也因為普遍人心容易背道而行，又不具有本體的道德心，故「道心」非指人心來說，應指「天有顯道，厥類惟彰」（〈周書・泰誓〉）能顯現一切的準則，為我們所遵行的天的心，即天心言。《尚書》中的天，具有兩重意義，一個是指天體的自然之天，一個是具有人格的主宰之天。從自然天的層面發展出天體規律運行的天道，從至上神的主宰天發展出主觀道德意義的天德。然不管天之道或天之德，甚至天意，天都是「顯道」〔註17〕、「大

〔註16〕 最早將「人心」與「道心」解釋於「人欲」與「天理」者是二程《二程集・河南程氏遺書・卷19》（臺北：漢京文化事業有限公司，1983.9）頁256，後來陸續有司馬光《四庫全書薈要・第28冊・傳家集・卷64・中和論》（臺北：世界書局，1986）頁623；蘇軾《四庫全書・書傳・大禹謨》（臺北：臺灣商務印書館，1983.10）頁504；林之奇《四庫全書・第55冊・尚書全解》（臺北：臺灣商務印書館，1983.10）頁87；蔡沈《四庫全書・書經集傳・大禹謨》（臺北：臺灣商務印書館，1983.10）頁17；朱熹《四書集注・中庸章句・序》（臺北：世界書局，1982.5）等，將其與《中庸》之「中和」思想交會，完成「十六字心傳」理論。

〔註17〕 〈周書・泰誓〉：「天有顯道，厥類惟彰。」

降顯休命」〔註18〕、「明畏（威）」〔註19〕，明明白白、清清楚楚的彰顯它「天命明威」（〈商書·湯誥〉）為天道，成為人理當遵行的守則，與「天道福善禍淫」（〈湯誥〉）有明顯的天意。人也明白清楚的了解天的作為。《尚書》中的天是一個人格神的天，尚未發展出抽象、形上本體天的概念，所以天明確地展現它的想法，讓人以它的想法為想法，以它的旨意為行為標準。但人心是危險的，而天心是明確、彰顯的，所以要「志以道寧，言以道接」（〈周書·旅獒〉），而「允懷于茲，道積于厥躬」（〈說命〉），時時刻刻精誠專一，永懷著天的心意，遵守天道，「咸有一德，克享天心」（〈商書·咸有一德〉）能與天心相合。因此，「道心惟微」之微，應如《禮記·檀弓下》：「不亦善乎，君子表微。」漢鄭元注曰：「時無如之何，佯若善之表，猶明也。」〔註20〕微作「明」解，〔註21〕非西漢孔安國注作「難明」的意義。〔註22〕

人心是危險的，天心是明確、彰顯的，要精誠、專一，得當地將天心把持在心中。「允執厥中」之中，如《禮記·文王世子》曰：「禮樂交錯於中。」之中，特指心中或心志來說，即《說文解字》曰：「中，內也。」段玉裁注曰：「內者，入也。入也者，內也。然則中者，別於外之辭也，別於篇之辭也，亦合宜之辭也。」〔註23〕強調心的作用力。人心是易流於恣縱，而心思毅力是可以主導整個心的思考方向，而改變人的作為，所以不說「厥心」，而言「厥中」，是要強調「志以道寧，言以道接」而「允懷于茲，道積于厥躬」，專志於天心，遵守天道，而能「克享天心」與天心相合。

因此，整部《尚書》所呈現心的看法有：第一，多從心的負面作用說人心是危險的，是要加以節制或涵養，此與「節性」觀點相互通濟。第二，以「道心」即「天心」作為人一切行為的標準。而人之心要專志於天心，並體現天心為最終目標，在此，強調心的向善之能動性。

〔註18〕〈周書·多方〉：「天惟時求民主，乃大降顯休命于成湯。」
〔註19〕〈周書·多士〉：「惟我下民秉為，惟天明畏。」
〔註20〕漢鄭玄注；唐孔穎達正義《十三經注疏·禮記正義》（臺北：藝文印書館，1985.12）頁164。
〔註21〕即朱駿聲《說文通訓定聲》（臺北：京華書局，1970.10）頁459：「為閭，《廣雅·釋詁四》，微，明也。」
〔註22〕西漢孔安國注；唐孔穎達正義《十三經注疏·尚書正義》（臺北：藝文印書館，1985.12）頁56，孔安國注曰：「微則難明。」
〔註23〕許慎著；段玉裁《說文解字注》（臺北：黎明文化事業公司，1980.10）頁20。

二、《詩經》之心性說

（一）性說

性字於《詩經》中僅見〈大雅‧卷阿〉一例：

> 伴奐爾游矣，優游爾休矣。豈弟君子，俾爾彌爾性，似先公酋矣。
> 爾土宇畇章，亦孔之厚矣。豈弟君子，俾爾彌爾性，百神爾主矣。
> 爾受命長矣，茀祿爾康矣。豈弟君子，俾爾彌爾性，純嘏爾常矣。

鄭玄注：「彌，終也。……樂易之君子來在位，乃使女終女之性命，無困病之憂。」〔註24〕鄭玄以性作「性命」解。

阮元以為《書》、《詩》以至《孟子》所說的性，都是指人天生的欲求：

> 《尚書》之「虞性」、「節性」，《毛詩》之「彌性」，言性者所當首舉
> 而尊式之，蓋最古之訓也。學者遠涉二氏而近忘聖經，何也？《樂
> 記》曰：「好惡無節」，《王制》曰：「節民性」，皆式《尚書》「節性」
> 之古訓也。哲愚、吉凶、永不永，皆命於天。然敬德修身，可祈永
> 命，不率典者自棄其命，孟子所謂「命也，有性焉」是也。〔註25〕

阮元認為《詩經‧大雅‧卷阿》「彌爾性」之「性」與《尚書》「虞性」、「節性」之性意義一致，皆指人的本能欲求和情感。

傅斯年亦持古籍之「性」字應作「生」字，釋為性命之義，曰：

> 後世所謂性命者，時即今人所謂生命。此章本為祝福之語，所謂『俾
> 爾彌爾性』者，即謂俾爾終爾之一生，性固不可終，則此處之性字
> 必為生字明矣。且此點可以金文證之。〔註26〕

徐復觀則認為《說文》無「彌」字而有「镾」字，依據段玉裁《注》镾之本義為久長，引申之義曰大也，遠也，益也，深也，滿也，徧也，合也，縫也，竟也。故《卷阿》彌字，不應訓為「終」，而應訓為「滿」。「彌爾性」即解為滿足你的欲望。《卷阿》之性，乃指欲望而言。〔註27〕

傅斯年釋《詩經‧大雅‧卷阿》「彌爾性」之「性」為性命，與鄭玄之解相同，指人之性命。而阮元與徐復觀看法相似，皆指人之欲求。欲望是生命

〔註24〕漢孔安國注；唐孔穎達正義《毛詩正義》（臺北：藝文印書館，1985.12）頁626。

〔註25〕清阮元《揅經室集‧性命古訓》（北京：中華書局，1985）頁194。

〔註26〕傅斯年：《性命古訓辨証》（臺北：新文豐出版社，1985）頁63。

〔註27〕徐復觀著《中國人性論史‧先秦篇》頁9～10。

的內容，可分為適宜於生命成長，與不適宜於生命成長兩部分。雖然欲望不是完全都指負面來說，若以阮、徐二人之主張，以性作欲望解，則「彌爾性」為「滿足你的欲望」之義，此說法有縱欲之嫌，不符人有成善之常情，故「彌爾性」之性應是指壽命、福祿等而言。「彌爾性」就是能無病困之憂，而終其一生。然人一生中病痛困憂不可計算，因此，盼能養護終老，則平常不可沒有安排之思。故「彌爾性」隱含著性命是需要後天的培養，如《國語・晉語上》曰：「戀稽勸分，省用足財，利器明德，以厚民性。」也就是養性的工夫。此養性是一種外在行為，而不是屬於內在善性的涵養。

（二）心說

《莊子・天下》：「詩以道志。」《詩大序》：「詩者，志之所之也。在心為志，發言為詩。」而志者是心中隱微、不為人知的感情思想，所以整部《詩經》多以表達作詩者的情志為主。也因為如此，《詩經》之心字常作為情感或意念的活動，例如：

> 誰侜予美，心焉忉忉。(〈陳風・防有鵲巢〉)
> 舒窈糾兮，勞心悄兮。(〈陳風・月出〉)
> 寤寐無為，中心悁悁。(〈陳風・澤陂〉)
> 匪載匪來，憂心孔疚。(〈小雅・杕杜〉)
> 青青子衿，悠悠我心。(〈鄭風・子衿〉)
> 既見君子，我心則喜。(〈小雅・菁菁者莪〉)
> 我有嘉賓，中心貺之。(〈小雅・彤弓〉)
> 我有嘉賓，中心喜之。(〈小雅・彤弓〉)
> 中心好之，曷飲食之？(〈唐風・有杕之杜〉)
> 既往既來，使我心疚。(〈小雅・大東〉)

心會產生憂、疚、喜、好的感情方面的心理歷程。心又具有思考、判斷的認知功能，如：

> 靜言思之，不能奮飛。(〈邶風・柏舟〉)
> 皇皇者華，于彼原隰。駪駪征夫，每懷靡及。
> 我馬維駒，六轡如濡。載馳載驅，周爰咨諏。
> 我馬維騏，六轡如絲。載馳載驅，周爰咨謀。
> 我馬維駱，六轡沃若。載馳載驅，周爰咨度。
> 我馬維駰，六轡既均。載馳載驅，周爰咨詢。(〈小雅・皇皇者華〉)

心能思；能諏；能謀；能度；能詢，是屬於理性的意識活動，對事物具有認識與理解的作用。

在《詩經》中，心亦一種意識動機，如：

君子實維，秉心無競。(〈大雅・桑柔〉)

秉心宣猶，考慎其相。(〈大雅・桑柔〉)

君子秉心，維其忍之 (〈小雅・小弁〉)

匪直也人，秉心塞淵，騋牝三千。(〈鄘風・定之方中〉)

令儀令色，小心翼翼。(〈大雅・烝民〉)

心能自覺內在意識，而有意地動機導向，使無競爭心；持心明順；端正心地不爭強；思慮深遠，展現心的意志作用。

而人們對天的心態，也是心之作用的呈現。在商朝時，天是無比的權威與神聖，天命是人的行為依據，所以人是以無上的恭敬態度面對天。當時「敬」的心理狀態，是一種被動警戒的直接反應。然發展至《詩經》時代，能轉化被動敬戒的心理狀態，而凸顯主體、積極、理性、內發的敬之心理狀態，如〈皇矣〉與〈大明〉中載古公亶父與文王因為仁德愛民、勤奮努力受到上帝賞識，〔註28〕強調「無念爾祖，聿修厥德。永言配命，自求多福。」(〈大雅・文王〉)修養德行，對自己行為負責，形成自省、內化的「敬德」、「明德」的觀念。德行的表現是出自心的作用，故心能呈現善的意志：

濟濟多士，克廣德心。〈魯頌・泮水〉

此德心與《尚書》之「其心愧恥」會產生羞惡的道德感相較，《尚書》之心尚不具道德的本體，其以「制心」作為的涵養工夫。而〈泮水〉之心，直接以道德說心，並以「推而大之」(廣) 作為涵養工夫，則隱含著道德本體的觀點。故在心論的發展上，《詩經》較《尚書》更進一步的發展，也較接近孟子的道德本心與「擴而充之」的涵養方式。

三、《左傳》之心性說

(一) 性說

性字見於《左傳》者計有：

1. 天生民而立之君，使司牧之，勿使失性。有君而為之貳，使師保

〔註28〕〈大雅・皇矣〉：「帝遷明德，串夷載路。天立厥配，受命既固。」〈大雅・文王〉：「穆穆文王，於緝熙敬止。」

之，勿使過度……天之愛民甚矣，豈其使一人肆於民上，以從其
淫，而棄天地之性？（〈襄公十四年〉）

2. 夫小人之性，釁於勇、嗇於禍，以足其性而求名焉者，非國家之
利也。（〈襄公二六年〉）

3. 今宮室崇侈，民力彫盡，怨讟並作，莫保其性。（〈昭公八年〉）

4. 節用於內，而樹德於外，民樂其性，而無寇讎。（〈昭公十九年〉）

5. 夫禮，天之經也，地之義也，民之行也。天地之經，而民實則之。
則天之明，因地之性，生其六氣，用其五行。氣為五味，發為五
色，章為五聲。淫則昏亂，民失其性。是故為禮以奉之：為六畜、
五牲、三犧，以奉五味；為九文、六采、五章，以奉五色；為九
歌、八風、七音、六律，以奉五聲。……民有好惡、喜怒、哀樂，
生于六氣，是故審則宜類，以制六志。哀有哭泣，樂有歌舞，喜
有施舍，怒有戰鬥；喜生於好，怒生於惡。是故審行信令，禍福
賞罰，以制死生。生，好物也；死，惡物也。好物，樂也；惡物，
哀也。哀樂不失，乃能協于天地之性，是以長久。（〈昭公二五年〉）

　　第 1 例，「勿使失性」是不要使百姓失去其常性。一般百姓自己難以達到
這一點，所以上天要設立君主來管理、教育他們，使其「勿使過度」不要恣縱
過度，而勿失其性。以「勿使失性」與「勿使過度」相對來看，此性應指本性
的良善部分，方有「勿失」與「保其性」的價值意義。〔註29〕第 3 例「莫保
其性」之性與此性相同，皆指良善的本性。

　　第 1 例中，又以愛民為「天地之性」。在第 5 例中〈昭公二五年〉載子
產曰：「夫禮，天之經也，地之義也，民之行也。天地之經，而民實則之。」
以禮為天經地義的內容，而人民以其為法則。又〈成公十三年〉曰：「民受
天地之中以生，所謂命也。是以有動作禮義威儀之則，以定命也。」人受天
之禮義威儀之法則而為人，也就是「禮」是人的內在本性，而愛民的「天地
之性」，也為人之性。如此，可知人性是善的。而善性是來自天之所命予，
非表達人自身生來就有的本性，故《左傳》尚未脫離在「尊天」的習慣上著
找尋道德的根源。第 2 例「小人之性」之性，是針對「釁於勇、嗇於禍」來
說，當指欲望解。

〔註29〕徐復觀著《中國人性論史‧先秦篇》頁 57，認為此性「乃指生而即有的欲望
　　　　而言」，與本文此處所論不同。

　　第 4 例「節用於內，而樹德於外，民樂其性」之性，從「節用於內，而樹德於外」來看，此性特別分為生理與心理二層面。百姓一方面樂於其吃飽穿暖之基本「節用」，另方面樂於其和諧接物之「樹德」。且「節用」避免過度放縱物質欲望的享受，與「樹德」調諧待人接物的感情，說明了「性」是需要涵養工夫，與《尚書》之「節性」相呼應，且多了強調感情涵養的部分。

　　第 5 例是記昭公二五年時子大叔引子產的話，此段文字概括了《左傳》之人性的二個重要觀點：第一，提出了「奉禮」是養性的方法。「禮」是天之經，地之義，乃天地的自然秩序。人有五味、五色、五聲等欲求，以及好惡喜怒哀樂之情，需要以禮來奉養。以禮來奉養的方式，包括用六畜、五牲、三犧與九文、六采、五章，及九歌、八風、七音、六律來滿足五味、五色、五聲的生理需求；並對好惡喜怒哀樂之情所有節制，使「哀樂不失」，不至於因物欲與感情的過度放縱而導致失了善良之本性。

　　第二，提出了「以氣言性」的說法。天地生六氣，六氣者，乃〈昭公元年〉曰：「天有六氣，降生五味，發為五色，徵為五聲。淫生六疾。六氣曰陰、陽、風、雨、晦、明也，分為四時，序為五節，過則為菑。」為陰、陽、風、雨、晦、明等六氣，六氣的運行產生了四時、五節的變化，在人則表現為五味、五色、五聲，與好惡喜怒哀樂之情。

　　氣原本是指空中流動的無形之物，如雲氣、霧氣、煙氣、寒暖之氣、呼吸之氣，許慎《說文解字》曰：「氣，雲氣，象形。」最初出現於甲骨文與金文，也不過是指風或大地的單純作用，多指物理之氣。後來古人隨著對認識自然界的過程中，體會到氣的多重屬性與運動變化特性，認為氣是決定自然萬物演化發展的重要因素，如《國語・周語上》載：「伯陽父曰：『周將亡矣。夫天地之氣，不失其序，若過其序，民亂之也。陽伏而不能出，陰迫而不能烝，於是有地震。』」把氣的失序解釋為人民不安、地震現象的成因。於《左傳》言六氣的運動變化影響四時的運轉，及生理或心理相互關聯之生命狀態的理解，〔註30〕氣之概念發展至此，具有了形上的意義，並強調它的運動性。「六氣」相摩相盪產生寒冷循環的變化，也產生了人的五味、五色、五聲，與感情之自然性質，即人之本性。氣是構成人的基本元素。

〔註30〕《左傳・昭公十年》：「凡有血氣，皆有爭心。」之「血氣」是屬生理範疇。
　　　　《左傳・莊公十年》：「夫戰，勇氣也。一鼓作氣」是屬心理範疇。

　　《左傳》觀察到「氣」在宇宙存在的作用及其代表性，故提出「氣」作為人性的根本，此在《左傳》建立人性與形上本體論相結合的基礎。而「天有六氣」，氣是天的內蘊，氣與天是上下從屬關係，非平行對等關係，故《尚書》、《詩經》之「性由天賦」，與《左傳》強調的「以氣言性」不是兩個平行相對的看法。它們都是在「人由天生」上建立人性觀，只是《尚書》、《詩經》是「天→性」直指性由天而生。《左傳》則是「天→氣→性」，在天到性的過程中舉出氣作為生成要素，而此氣所生的是五味、五色、五聲與好惡喜怒哀樂的人之自然本性。此以「以氣言性」有脫離人受天命而成性的直接關係，在生成過程中多了一些理性意義的成分。

（二）心說

　　《左傳》中的心之內涵，有與《詩經》相同，作為主觀意識的活動者，如：痛心（〈成公十三年〉）、鬥心（〈成公十六年〉）、違心（〈桓公六年〉）、懼心（〈哀公二年〉）、寒心（〈哀公十五年〉）、奮心（〈哀公十六年〉）、覬心（〈襄公十五年〉）、禍心（〈昭公一年〉）、怨心（〈昭公十三年〉）、爭心（〈昭公十年〉），心能產生悲痛、爭鬥、違背、恐懼、沮喪、振奮等心理狀態，乃屬於「心是以感」〔註31〕情感的心理反應，即〈昭公二五年〉所說：

> 民有好、惡、喜、怒、哀、樂，生于六氣，是故審則宜類，以制六志。哀有哭泣，樂有歌舞，喜有施舍，怒有戰鬥，喜生於好，怒生於惡。……生，好物也；死，惡物也。好物，樂也；惡物，哀也。哀樂不失，乃能協於天地之性，是以長久。

這段話中包含了情感心理的發展與形成的概述：第一，外物的影響而有好、惡、喜、怒、哀、樂之情感，而各種情感有相應的表現形式，如哭泣、歌舞、施舍、戰鬥等外在行為。第二，好、惡、喜、怒、哀、樂之六種情感乃感受六氣的結果。〔註32〕第三，「哀樂不失，乃能協於天地之性」感情的表達當適宜，以協和良善的本性（天地之性），〔註33〕此說明了情感的內在道德價值觀。

　　除了以上心有情緒與情感的感性活動外，亦指心臟與思維器官來說。心作生理器官心臟者，如：

> 王有心疾，乙丑，崩于榮錡氏。（〈昭公二十二年〉）

〔註31〕〈昭公二一年〉：「心是以感，感實生疾。」
〔註32〕杜預注曰：「六氣謂陰、陽、風、雨、晦、明也。」
〔註33〕參見本節「三、《左傳》之心性說（一）性說」中有關「天地之性」之闡述。

記載周景公因「心疾」駕崩。「心疾」乃現代所說的心臟病，故此心是指生理器官心臟來說，與〈莊公四年〉中「心蕩」之心相同：

> 楚武王荊尸，授師子焉，以伐隨。將齊，入告夫人鄧曼曰：「余心蕩。」
> 鄧曼歎曰：「王祿盡矣。盈而蕩，天之道也。先君其知之矣，故臨武事，將發大命，而蕩王心焉。若師徒無虧，王薨於行，國之福也。」
> 王遂行，卒於樠木之下。

「心蕩」是心跳異常之意，此心亦指心臟講。

心作思維器官，則強調它的認知作用，如〈襄公三十一年〉載「昭公十九年矣，猶有童心，君子是以知其不能終也。」昭公十九歲了，但心智有如孩童一般，也就是其認知能力無法企及成人該有的成長階段。

心之認知有其思考判斷的標準，即〈僖公二十四年〉曰：

> 耳不聽五聲之和為聾，目不別五色之章為昧，心不則德義之經為頑，
> 口不道忠信之言為嚚。

以「德義」作為判斷的標準，若不合德義之正當判斷則稱為頑。在《左傳》中不合「德義」之心，又如〈昭公二十八年〉：「實有豕心，貪惏無饜，忿纇無期，謂之封豕。」正當欲求之「豕心」；〈昭公一年〉：「六氣曰陰、陽、風、雨、晦、明也，分為四時，序為五節，過則為菑：陰淫寒疾，陽淫熱疾，風淫末疾，雨淫腹疾，晦淫惑疾，明淫心疾。」思慮過多而產生心理的疾病。

心不管是作感性的情緒反應，或作理智的思考，都有其內在的價值標準，如何能不失當，《左傳》特別提出「心平德和」的方法，曰：

> 先王之濟五味、和五聲也，以平其心，成其政也。聲亦如味，一氣，
> 二體，三類，四物，五聲，六律，七音，八風，九歌，以相成也；
> 清濁、小大、短長、疾徐、哀樂、剛柔、遲速、高下，出入、周疏，
> 以相濟也。君子聽之，以平其心。心平，德和。（〈昭公二十年〉）

心平靜則言行和諧、平正，能「成其政也」成就完好的事務。而臻於「心平德和」的方法，則有不同於性論中主張以「奉禮」協和於「天地之性」，而提出音樂的效果。音樂能使情感淨化，達到心平氣和，則一切表現和諧。而當「哀樂不失，乃能協於天地之性」，故心的能動修養也是天地之性的呈現方式。

又《左傳・昭公二十八年》曰：

> 居利思義，在約思純，有守心而無淫行，……心能制義曰度，德正
> 應和曰莫。

心也具有制義的功能。「義者，宜也。」（〈中庸〉）心能合宜權衡事理。此心是一種認識、經驗的心，不是道德本心，雖有道德實踐能力，但主要是實踐客觀、外在的道德規範，而不是自主、自律的道德行為，不同於孟子的道德主體心，反而較接近於荀子的認知心。

第二節　儒家之心性論

一、孔子之心性論

子貢曰：「夫子之言性與天道，不可得而聞也。」（《論語・公冶長》）再加上整部《論語》中孔子提到「性」字，又只有「性相近也，習相遠也」（〈陽貨〉）一句話，所以大多學者認為孔子對於人性論闡述不多。其實，孔子除「性相近也，習相遠也」直接說性外，其他則不直接從「性」來說性，而是從「心」來論性。

（一）以智說性而相近

孔子曰：「唯上知與下愚不移。」（〈陽貨〉）又曰：「生而知之者，上也；學而知之者，次也；困而學之，又其次也。困而不學，民斯為下矣！」（〈季氏〉）乃以「知」來分別人本質的不同。而此「知」即《穀梁傳・僖公二年》曰：「中知以上，乃能慮之。」之「知」，為通達事理之義。而「通達事理」是屬於「心」的認知活動，所以，孔子在以「智」來說人之本性時，就是以心的知慮能力為根據。生來就能通達一切事理的人，是屬上智者；而困惑不明還不知要學習的人，是屬於下愚者；能知道通過學習或遇到困惑知道要學習可以明白事理的人，是介於上知與下愚之間的中智者。孔子說自己「非生而知之者，好古，敏以求之者也。」（〈述而〉）就是承認自己是屬於生性知道要學習的中智者。又《論語・公冶長》記載顏回能「聞一以知十」，而子貢只能「聞一以知二」也都是就心的思慮能力作為評斷的標準。

孔子以「智心說性」〔註34〕時，將人性分為有「上智」之相近者；有「中智」之相近者；與「下愚」之相近者，上智者不待學而能；下愚者不學，且「中人以上，可以語上也；中人以下，不可以語上也」（〈雍也〉），這就是孔子

〔註34〕孔子之「智心」是屬於「心知之明」的認知心，非道家所說的虛靜心，或佛教之般若智心。

所謂的「性相近」的三種類別。故孔子之「性相近」當指依智心程度不同分為三種相近之類屬。在《論語》不見孔子提到何人是屬於上智者。而曾晝寢之宰予在孔子的提點之下，還能於父母三年之喪安於食旨與聞樂，當是屬於「不知學」的下愚者。而孔子是「非生而知之」的「從眾」者，所以大多數的人皆屬於中智者，而中智者又有「聞一以知十」與「聞一以知二」的差別。

（二）以志說學而相遠

以智心的不同來說明人性的差別，是孔子從實際現象歸類出的心性理論。但從「性相近」的理論又回到現實層面中，孔子注意到「學而知之」後天學習的影響作用，也就是孔子說「習相遠」的現實意義。

孔子說「習相遠」看起來與《尚書·太甲》的「習與性成」涵義相同，但孔子更重視「習」背後「學」的工夫，故孔子雖說「學而時習之」，然《論語》中多用學字少言習字。又孔子對於「學」多講正面的學習作用，學是要學正道，故學習是要使自己變得更好。以「聞一以知十」或「聞一以知二」與「學而不知」的智心不同，學習後形成德性的差異。故「習相遠」不是指受到好或壞的習染造成人性上的善惡差異，應指因智心不同有學習「正道」快慢的差別，而有不同成效的德性修養，如孔子以「非生而知之」的先天條件，說：「加我數年，五十以學《易》，可以無大過矣。」（〈述而〉）五十歲方能真正體會《易》中宇宙人生的道理。

又對於學，孔子特別著重向學的心意，他「十有五而志于學」立定了人生的方向，「篤信好學，守死善道」（〈泰伯〉）朝著目標努力不變。「志」對於「學」是種決心與方向，或動機與目的，所以「志」刺激信息而將「學」內化為一種情感、觀念與信仰，並能作自身的改造。因此，學習要有強化意志促成完全的自覺、自動與內化。但是，因人的智心的差異，有學習快慢的區別，而德性上就有層級的分別，如果能像孔子志學不變，雖四十只能不惑，七十歲時也可以達到「從心所欲不踰矩」的境界。

子曰：「飽食終日，無所用心，難矣哉！」（〈陽貨〉）可知孔子非常重視心對人的作用。而孔子不以善惡來論人之本性，卻以心來論性，即著重心的思慮能動作用。若能把持心意之所向，則可「苟志於仁矣，無惡也」（〈里仁〉）成就完善的人格，就像「管仲之器小」（〈八佾〉）也能「相桓公，霸諸侯，一匡天下，民到於今受其賜。」「管仲之力也。如其仁！如其仁！」（〈憲問〉）又如伯夷、叔齊能「求仁而得仁」，而柳下惠、少連則不可，就是在於「不降其

志,不辱其身,伯夷、叔齊與!」「柳下惠、少連,降志辱身矣。」(〈微子〉)
伯夷、叔齊、柳下惠、少連四人在孔子看來,主要是因為四人立定心志不同,
而有不同的行為結果,對其人格評價而有不同。又孔子指導弟子的修養方法
上,說:

> 志於道,據於德,依於仁,遊於藝。(〈述而〉)

將「志於道」置於諸多修養方法的第一位,可見立定心志,樹立崇高理想,是
達到理想人格的重要因素。孔子說:「仁遠乎哉?我欲仁,斯仁至矣!」(〈述
而〉)即說明心志的能動性與實踐力。不管仁是否是人內在的道德主體,要實
踐仁,則先要有實踐仁的志向。

孔子的心性論是主要是以心來論性,從「性相近」以智心來分別本性上
有上智、中人、下愚的不同;及「習相遠」以立志來說明學習的重要性,又因
智心的差別而造成學習成效的不同。因此,「習相遠」的現實經驗非「蓋棺論
定」,是就實踐意義而言,所以孔子才會有「十有五而志于學,三十而立,四
十而不惑,五十而知天命,六十而耳順,七十而從心所欲、不踰矩。」不同的
修養階段。除了「困而不學」的下愚者,中智以上者假以時日皆可從「士」達
「仁」以至「聖人」的境界。

二、孟子之心性論

孟子(約公元前 372～289)以孔子的仁學思想為基礎,建立了以道德為
人內在之心性理論。有學者認為孟子是儒家心性論系統論述的完成者,[註35]
可知孟了在儒家心性理論發展史占非常重要的地位。孟子的心性思想主要是
以心理感情作為性善說的基礎,因為他說:

> 人皆有不忍人之心。先王有不忍人之心,斯有不忍人之政矣。以不
> 忍人之心,行不忍人之政,治天下可運之掌上。所以謂人皆有不忍
> 人之心者,今人乍見孺子將入於井,皆有怵惕惻隱之心;非所以內
> 交於孺子之父母也,非所以要譽於鄉黨朋友也,非惡其聲而然也。
> 由是觀之,無惻隱之心非人也,無羞惡之心非人也,無辭讓之心非
> 人也,無是非之心非人也。惻隱之心,仁之端也;羞惡之心,義之

〔註35〕蒙培元《中國心性論》頁 28:「孔子只提出了道德主體論的基礎思想,還沒
有展開心性論系統論述,那麼,孟子則真正完成了這個任務。」本文上節「孔
子心性說」中之探討,認為孔子尚未確定有「道德主體論」的思想。

> 端也；辭讓之心，禮之端也；是非之心，智之端也。人之有是四端
> 也，猶其有四體也。有是四端而自謂不能者，自賊者也；謂其君不
> 能者，賊其君者也。凡有四端於我者，知皆擴而充之矣，若火之始
> 然、泉之始達。(《孟子・公孫丑上》)

又曰：

> 乃若其情則可以為善矣，乃所謂善也。若夫為不善，非才之罪也。
> 惻隱之心，人皆有之；羞惡之心，人皆有之；恭敬之心，人皆有之；
> 是非之心，人皆有之。惻隱之心，仁也；羞惡之心，義也；恭敬之
> 心，禮也；是非之心，智也。仁義禮智，非由外鑠我也，我固有之
> 也，弗思耳矣。故曰：求則得之，舍則失之。……。《詩》曰：「天
> 生蒸民，有物有則。民之秉彝，好是懿德。」孔子曰：「為此詩者，
> 其知道乎！故有物必有則，民之秉彝也，故好是懿德。」(〈告子上〉)

以人乍見孺子將入於井，而生怵惕惻隱之心，說明人皆具有惻隱、羞惡、辭
讓、是非的四種道德情感，證明人性本善。以上兩段話中又可以歸納出孟子
心性論的幾項重要觀念：

(一) 以心來說性

孟子以乍見孺子將入於井，而會直覺反應出不忍的惻隱心，來說人本性
具有「仁」的道德。情感是產生於心理機制，是心理現象。「惻隱之心」是屬
於心理情感，且是一種道德情感，所以可以說孟子是「以心說性」。與孔子不
同的是，孔子所說的心是屬於認知的智心，而孟子所說的心是屬於道德的仁
心。

孟子從仁心推廣，認為人亦具羞惡之心、恭敬之心、是非之心的義禮智
之道德，且將仁義禮智稱為「四端」，又「仁義禮智，非由外鑠我也，我固有
之也」，非人由努力才有的。「四端」是人之所為人之性，如此，心與性完全合
一，心即性，非心外有一個性。

孔子提出仁時只作為社會政治及一切的道德倫理規範，仁是外在、客觀
的道德內容。而孟子將仁從心理直覺的情感意識，內化為內心的根源，成為
道德的內在本體，故孟子曰：「仁，人心也。」(〈告子上〉) 仁就是人心，是內
在的道德主體，也是善性的本質。

孟子又曰：「心之官則思，思則得之，不思則不得也。」(〈告子上〉) 心具
有思慮的作用，又是道德主體，所思無不是道德仁義之思，因此「所不慮而

知者，其良知也。」（〈告子上〉）也就是程明道說的「滿腔子是惻隱之心」，〔註36〕也是性善與良知統一之呈現。

（二）人之共性

「惻隱之心，人皆有之；羞惡之心，人皆有之；恭敬之心，人皆有之；是非之心，人皆有之。」孟子強調凡為人皆有「仁義禮智，非由外鑠我也，我固有之也」，人人皆有善的共同特性，故「聖人與我同類者」（〈告子上〉）、「堯舜與人同耳」（〈離婁下〉）。當「曹交問曰：『人皆可以為堯舜，有諸？』孟子曰：『然』。」（〈告子下〉）聖人之性與我之性皆同，善是人之共性，也是人所特有的，人人皆可成為堯舜，然何以沒有滿街是聖人，因為「堯舜，性之也」（〈盡心上〉）堯舜能將性善體現於外的關係。

人性是善的，也是孟子強調與禽獸的區分，其曰：「人之所以異於禽獸者幾希。」（〈離婁下〉）「幾希」是人之所以為人的道德理性。孟子不反對告子的「食色，性也」（〈告子上〉），也說：「形色，天性也」（〈盡心上〉）不否認人也具有生理需求與物質欲望，卻認為這些不是人本質的特性，故當告子說：「生之謂性」（〈告子上〉）時，孟子堅持牛犬之性不同於人之性，認為：

> 口之於味也，目之於色也，耳之於聲也，鼻之於臭也，四肢之於安佚也；性也，有命焉，君子不謂性也。仁之於父子也，義之於君臣也，禮之於賓主也，知之於賢者也，聖人之於天道也；命也，有性焉，君子不謂命也。（〈盡心下〉）

口、目、耳、鼻、四肢之欲是「求知者外」，以客觀物質為對象，所以君子不以其為性。「君子所性，仁義禮智根於心」（〈盡心上〉）是「求在我者」自身所具有的「四端」。故孟子只認為仁義禮智之道的理性才是人之共性。

（三）天生我則

孟子引《詩經》中的「天生蒸民，有物有則。民之秉彝，好是懿德」一段話，說明天降生人時，就以仁、義、禮、智之「則」為人之心性，與「好是懿德」的良知。在《詩經》中，這一段話尚未有性善之義，然發展至孟子則引以為善性得自於天的證明。此「天生我則」的觀念，在《中庸》之「天命之謂性，率性之謂道」則更加肯定。

〔註36〕《二程集・遺書・卷第三》（台北，漢京文化事業有限公司，1983.9）頁62。

孟子認為天是一切事物的標準，是最高的存在者，它存在於人之心性中，故想要了解天就要透過心性體現，其曰：

> 盡其心者，知其性也。知其性，則知天矣。存其心，養其性，所以事天也。(〈盡心上〉)

又曰：

> 誠者，天之道也。思誠者，人之道也。(〈離婁上〉)

反求諸己，真實無妄認識自己的本心，便是認識天。孟子在此也說明了心即是性，性即是天，表達的是天人合一的關係。

（四）存心以養性

「凡有四端於我者，知皆擴而充之矣，若火之始然、泉之始達。」在這裡孟子提出存心養性的修養問題。雖是良心善性，然人有「耳目之官不思，而蔽於物。物交物，則引之而已矣。」(〈告子上〉)與「富歲，子弟多賴；凶歲，子弟多暴。非天之降才爾殊也，其所以陷溺其心者然也。」(〈告子上〉)之生理欲望及環境影響等因素，而容易「放」心，無法顯現良善之本性，故孟子主張心性尚需存養：

> 牛山之木嘗美矣。以其郊於大國也，斧斤伐之，可以為美乎？是其日夜之所息，雨露之所潤，非無萌蘗之生焉，牛羊又從而牧之，是以若彼濯濯也。人見其濯濯也，以為未嘗有材焉，此豈山之性也哉？雖存乎人者，豈無仁義之心哉？其所以放其良心者，亦猶斧斤之於木也。旦旦而伐之，可以　為美乎？其日夜之所息，平旦之氣，其好惡與人相近也者幾希，則其旦晝之所為，有梏亡之矣。梏之反覆，則其夜氣不足以存。夜氣不足以存，則其違禽獸不遠矣。人見其禽獸也，而以為未嘗有才焉者，是豈人之情也哉？故苟得其養，無物不長；苟失其養，無物不消。孔子曰：「操則存，舍則亡。出入無時，莫知其鄉。」惟心之謂與！(〈告子上〉)

人之心性有如山之草木必須有雨露滋養然後茂盛。

對於存養工夫，孟子有幾項具體方法：

1. 擴而充之

孟子曰：

> 凡有四端於我者，知皆擴而充之矣，若火之始然、泉之始達。苟能充之，足以保四海；苟不充之，不足以事父母。(〈告子上〉)

仁義禮智是蘊藏於惻隱、羞惡、恭敬、是非之心理情感的作用中，因此，能擴而充之，則能茁壯滋長，將有無限的可能，即孟子說：「人皆有所不忍，達之於其所忍，仁也；人皆有所不為，達之於其所為，義也。人能充『無欲害人』之心，而仁不可勝用也。人能充『無穿窬』之心，而義不可勝用也。人能充無受『爾』、『汝』之實，無所往而不為義也。」(〈盡心下〉)也有將四端擴展充實，才能將四端之心於生活中具體實踐。

2. 寡欲

孟子曰：

> 養心莫善於寡欲。其為人也寡欲，雖有不存焉者，寡矣。其為人也多欲，雖有存焉者，寡矣。(〈盡心下〉)

口、目、耳、鼻、四肢之欲是生而具有，然耽於其中，易失本心，故不可不節。

3. 養氣

「氣，體之充也」又「夫志，氣之帥也」(〈公孫丑上〉)心志可以主導氣的流動，因此「志壹則動氣；氣壹則動志也」，人專一行事，氣隨之而動；氣專一，志亦隨之而起，故「持其志，無暴其氣」(〈公孫丑上〉)，要堅定心志不可不使氣求振，因此，孟子主張氣當涵養。孟子強調氣的作用，與孔子主張為學以立志為先，各有不同的看法。

而孟子所指的氣不是生理上的血氣，而是所謂的天地之浩然正氣：

> 「敢問夫子惡乎長？」曰：「我知言，我善養吾浩然之氣。」「敢問何謂浩然之氣？」曰：「難言也。其為氣也至大至剛，以直養而無害，則塞于天地之間。其為氣也配義與道，無是餒也。是集義所生者，非義襲而取之也。」(〈公孫丑上〉)

此氣有是至大至剛、積善而成，自然發生的天地之理。它是借內在涵養而成，非強奪外在的力量而得的。因「志壹則動氣；氣壹則動志也。今夫蹶者趨者是氣也而反動其心」，故不能不養純善的浩然之氣，以持志存心，而體現內在的善性。

三、荀子之心性論

荀子（約公元前 298～238）生於戰國末年，其學傳自何人，已不可考，乃視為先秦後期儒家之代表。

荀子的心性思想不同於孟子以道德情感為基礎而建立起善的心性論，他是以自然本性和理智之心的基礎上建立起屬於自然經驗理智的觀點。

（一）性惡論

1. 以情、欲來說性

荀子曰：

> 凡性者，天之就也，不可學，不可事。（《荀子・性惡》）
>
> 今人之性，目可以見，耳可以聽。夫可以見之明不離目，可以聽之聰不離耳；目明而耳聰，不可學明矣。（〈性惡〉）

性是天所自然賦予的，如目見、耳聽就是天所賦予人之的自然本性。荀子又曰：

> 今人之性，飢而欲飽，寒而欲煖，勞而欲休，此人之情性也。（〈性惡〉）
>
> 若夫目好色、耳好聲、口好味、心好利、骨體膚理好愉佚，是皆生於人之情性者也；感而自然，不待事而後生之者也。（〈性惡〉）

除了生理上的自然之性，荀子也把心理的自然欲求看作是性。在此荀子發展了告子「生之謂性」的觀點，將人的生理與心理的自然本能當作性，此「性者，本始材朴也」（〈禮論〉）是未受外界的任何影響的自然素質。

荀子又曰：

> 性者，天之就也；情者，性之質也；欲者，情之應也。（〈正名〉）

「性之好惡喜怒哀樂謂之情。」（〈正名〉）情是性之資質，欲是性之感應。暖飽之欲與喜怒哀樂之情是通過心表現於外的性。荀子將性、情、欲統一起來，並以情與欲來說性。

2. 善惡標準

善與惡通常是衡量行為的標準，也是人類行為的價值觀。行為的完成，可以分解為動機、過程與結果三大步驟。孟子以人有「四端」說明人性本善，即以道德情感作為行為動機的開始來說性善，而荀子曰：

> 凡古今天下之所謂善者，正理平治也；所謂惡者，偏險悖亂也：是善惡之分也矣。（〈性惡〉）

荀子以「正理平治」與「偏險悖亂」作為善惡的分別。「正理平治」與「偏險悖亂」是指社會次序的現象，若就行為的完成步驟來說，它們是屬於結果論。

而社會次序是由人在社會互動中建立起來，因此，荀子是站在社會倫理的基礎上論善惡，合於「正理平治」則為善，「偏險悖亂」則為惡。

荀子重視社會倫理，也將其視為人與禽獸的分別，其曰：

> 水火有氣而無生，草木有生而無知，禽獸有知而無義，人有氣、有生、有知，亦且有義，故最為天下貴也。力不若牛，走不若馬，而牛馬為用，何也？曰：人能群，彼不能群也。人何以能群？曰：分。分何以能行？曰：義。故義以分則和，和則一，一則多力，多力則彊，彊則勝物。（〈王制〉）

人之異於禽獸，是因為人有義、能群。「義，理也。」（〈大略〉）人能和平相處、團結形成道德的理性社會，是人超越其他事物的原因，也是人之所以存在的基礎。故荀子以建立社會道德倫理作為人的價值所在，也為善惡的標準。

3. 性惡論證

荀子認為人生而自然有情、欲之性，故有喜怒哀樂之情，與耳目、好利之欲，而此種情欲正是破壞社會倫理次序，造成惡亂的因素。他說：

> 今人之性，生而有好利焉，順是，故爭奪生而辭讓亡焉；生而有疾惡焉，順是，故殘賊生而忠信亡焉；生而有耳目之欲，有好聲色焉，順是，故淫亂生而禮義文理亡焉。（〈性惡〉）

人有好聲色、好利之欲，如果順此欲望發展擴大，則社會次序會遭到破壞，產生「偏險悖亂」之惡的情形。

行為的完成是「動機」（因素）加上「過程」的進行，再產生「結果」。荀子所謂的善惡是觀行為結果來論，然造成惡的行為結果，在荀子來看行為的「動機」與「過程」皆為惡。就「動機」說，好聲色、好利之欲是惡的，也就是欲之性是惡的，順其發展才會有產生惡的可能，荀子曰：

> 今人之性，目可以見，耳可以聽，夫可以見之明不離目，可以聽之聰不離耳，目明而耳聰，不可學明矣。孟子曰：「今人之性善，將皆失喪其性故也。」曰：若是則過矣。今人之性，生而離其朴，離其資，必失而喪之。用此觀之，然則人之性惡明矣。所謂性善者，不離其朴而美之，不離其資而利之也。使夫資朴之於美，心意之於善，若夫可以見之明不離目，可以聽之聰不離耳，故曰目明而耳聰也。今人之性，飢而欲飽，寒而欲煖，勞而欲休，此人之情性也。今人飢見長而不敢先食者，將有所讓也；勞而不敢求息者，將有所代也。

> 夫子之讓乎父，弟之讓乎兄，子之代乎父，弟之代乎兄，此二行者，
> 皆反於性而悖於情也。然而孝子之道，禮義之文理也。故順情性則
> 不辭讓矣，辭讓則悖於情性矣。用此觀之，然則人之性惡明矣。(〈性
> 惡〉)

荀子以飽暖之欲為人性之「資朴」，如目見、耳聽之資是不離人身，來反駁孟子性善說。在此荀子即相對於孟子性善，肯定欲之性為惡了。

　　人除有耳目、好利之欲外，荀子還以為人還有為善之欲，但荀子不認為善之欲是人性的本質，反而是以其來論證性惡的根據，荀子曰：

> 凡人之欲為善者，為性惡也。夫薄願厚，惡願美，狹願廣，貧願富，
> 賤願貴，苟無之中者，必求於外。故富而不願財，貴而不願埶，苟
> 有之中者，必不及於外。用此觀之，人之欲為善者，為性惡也。今
> 人之性，固無禮義，故彊學而求有之也；性不知禮義，故思慮而求
> 知之也。(〈性惡〉)

因人性惡故欲善，才會彊學知禮義。從荀子論證性惡思想是屬於創造理論系統，他先設置一個性惡的觀點，再反證性惡的理由，才會有飽暖、好利之欲會形成惡的行為，而為善之欲無法形成善行為的矛盾觀點。〔註37〕

　　就「過程」來說，即荀子說的「順是」，就是「從人之性，順人之情」，順著自然之情性發展而不加以節制，則會產生惡的結果。而「過程」階段是個可變狀態，也就是因為無法改變基因（行為動機）的惡本質，於是只能在行為過程中加以改造，始能形成善的結果，荀子曰：

> 性也者，吾所不能為也，然而可化也。(〈儒效〉)

> 積也者，非吾所有也，然而可為也。注錯習俗，所以化性也；並一
> 而不二，所以成積也。(〈儒效〉)

所謂「積」是指行為過程的活動和內容而言，以學習作為活動，以「文理隆盛」作為內容，「化性起偽」而有善的「結果」。〔註38〕荀子以為行為過程的可變性，有如孔子認為「習相遠」，與孟子說「富歲，子弟多賴；凶歲，子弟

〔註37〕荀子另有一矛盾觀點，即荀子曰：「古者聖王以人之性惡，以為偏險而不正，
　　　　悖亂而不治，是以為之起禮義、制法度，以矯飾人之情性而正之，以擾化人
　　　　之情性而導之也。」(〈性惡篇〉)禮義是聖人所制定的，然人之性惡，在未有
　　　　禮義之前，聖人是如何能「化性起偽」成就完美人格。
〔註38〕《荀子‧禮論》：「偽者，文理隆盛也。」〈性惡〉：「可學而能、可事而成之在
　　　　人者，謂之偽。」

多暴。非天之降才爾殊也，其所以陷溺其心者然也。」（〈告子上〉）後天外在的影響因素。只是孟子主張性善，「過程」會造成惡的「結果」。荀子主張性惡，「過程」會造成善的「結果」。

　　因此，荀子的人性論是以自然生理之性為惡來立說，順此惡性發展則為惡，不順此惡性，能化性起偽則為善。荀子與孟子都是倫理道德的提倡者，只是各有不同的人性學說。

（二）心知論

　　荀子主張性惡，而想要有善的行為結果，當「化性起偽」。而「化性起偽」需賴心的作用來完成，荀子曰：

　　　　情然而心為之擇謂之慮，心慮而能為之動謂之偽。（〈正名〉）

心有知慮功能，是「化性起偽」的能動作用，因為「性不知禮義，故思慮而求知之也。」（〈性惡〉）心有思慮，能知禮義與實踐，即「心知道然後可道，可道然後能守道以禁非道。」（〈解蔽〉）〔註39〕心能知為人的禮義之道，並能依其為行動能力而成為人之理性原則。

　　因此，荀子所說的心，是知性的認知心。而心何以能思慮而知道，主要是心具有「虛壹而靜」的特性，曰：

　　　　人何以知道？曰：心。心何以知？曰：虛壹而靜。心未嘗不藏也，
　　　　然而有所謂虛；心未嘗不兩也，然而有所謂一；心未嘗不動也，然
　　　　而有所謂靜。人生而有知，知而有志。志也者，藏也；然而有所謂
　　　　虛，不以所已藏害所將受謂之虛。心生而有知，知而有異，異也者，
　　　　同時兼知之；同時兼知之，兩也；然而有所謂一，不以夫一害此一
　　　　謂之壹。心，臥則夢，偷則自行，使之則謀，故心未嘗不動也；然
　　　　而有所謂靜，不以夢劇亂知謂之靜。未得道而求道者，謂之虛壹而
　　　　靜。（〈解蔽〉）

心是虛，故能無所不藏；心是專一，故能兼知；心是靜，故能明察，因此，荀子又稱為「大清明」〔註40〕。心有容眾、專一、冷靜的清明通澈性質，故是「形之君也，而神明之主也」（〈解蔽〉），亦是「道之工宰」（〈正名〉），能「經

〔註39〕「道者，非天之道，非地之道，人之所以道也，君子之所道也。」（〈儒效〉）
　　　　道是人之所以為人之道，是指社會禮義規範講。
〔註40〕〈解蔽〉：「虛壹而靜，謂之大清明。」

緯天地而材官萬物，制割大理而宇宙裏矣。」（〈解蔽〉）對宇宙萬物作正確的
價值判斷。

心能對萬事萬物作判斷，而就心之認識方式，荀子提出了兩種作用方式，
第一，徵知作用。荀子曰：

> 心有徵知。徵知則緣耳而知聲可也，緣目而知形可也。然而徵知必
> 將待天官之當簿其類，然後可也。五官簿之而不知，心徵之而無說，
> 則人莫不然謂之不知。此所緣而以同異也。（〈正名〉）

「徵，召也。」〔註41〕心能徵召耳、目等感覺器官而知萬物。心雖是認識活
動的主宰，但它只是思維器官，無法直接接觸認識對象，必須依靠耳接受聲
音，目接受形狀，將對象紀錄下來（簿其類），而進行認知作用。心能召萬物
而知之，是心在認知作用上的特質，也是心完成認識事物的過程。

第二，推類作用。荀子曰：

> 心合於道，說合於心，辭合於說，正名而期，質請而喻。辨異而不
> 過，推類而不悖，聽則合文，辨則盡故。（〈正名〉）

荀子以「類」來說明宇宙暨人生事象的歸屬，〔註42〕而「推類」是指對宇宙
暨人生事象的推論與類比，即認識過程中的統攝效用，即荀子說的「以類行
雜，以一行萬」（〈王制〉）的「統類」作用。「推類」是心認知的重要功能，推
類可以「類不悖，雖久同理。」（〈非相〉）了解事理的重要原則，以知人類生
活規範（禮義）的倫理內涵。

荀子之性惡論，以人之本性為惡的，而倫理道德是外在的價值原則，因
此，想要「化性起偽」自我改造，則需要個人主觀的努力，也就是主體的認識
與實踐，此主體即心之理智作用。心能主宰感性慾望，並能通過徵知、推類
作用認識客觀的倫理道德，而實踐轉化成內在的理性原則，達到人人皆可為
堯舜的地步。

〔註41〕王先謙《荀子集解》之楊倞注「心有徵知」曰：「徵，召也。言心能召萬物而
　　　　知之。緣，因也。因心能召萬物，故可因耳而知聲，因目而知形，為之立名。
　　　　心雖有知，不因耳目，亦不可也。」
〔註42〕〈勸學〉：「物類之起，必有所始。榮辱之來，必象其德。……施薪若一，火
　　　　就燥也；平地若一，水就溼也。草木疇生，禽獸群焉。物各從其類也。」

第三節 道家之心性論

一、老子之心性論

（一）以德言性

老子對於心性論，沒有較具體「心性」一詞的說法，但確實有其系統的心性思想，老子曰：「道生一，一生二，二生三，三生萬物。」（《老子探義・第42章》）〔註43〕與「人法地，地法天，天法道，道法自然。」（〈第25章〉）即展現他心性論的命題。

老子以道即自然為宇宙的根本，也是內在於人的本質，就是老子所謂的「德」。此德不是儒家所謂的仁義禮智之德行，乃「道生之，德畜之，物形之，勢成之。」（〈第51章〉）道生萬物，各有其德，也就是德是秉承道，而成為自己內在所有之存在，對人來說，就是人之內在本質，即人之性。就宇宙論而言，稱為「道」；就人性論而言，稱為「德」，故老子是以德言性。因此，人性是承受道之無知無識、虛靜無為、自然素樸，超越經驗的絕對性。

「道法自然」，老子以自然本體為人性的依據與終極價值，故主張反樸歸真，「復歸於嬰兒」的本初無欲無為狀態。朱伯崑認為「無欲無為的道德原則就是基於人的『素樸』本性提出來的，其目的是恢復人的這種善良本性，可見這種人性論也是一種性善論。」〔註44〕朱伯崑說老子的人性論是性善的觀點時，已落入「天下皆知美之為美，斯惡已；皆知善之為善，斯不善已。故有無相生，難易相成，長短相較，高下相傾，音聲相和，前後相隨。」（〈第2章〉）存在相對性的經驗現象世界，不是老子主張絕對性的自然本體之人性論。但朱伯崑說的「素樸」確實是我們普遍共同認為「善」的價值觀。而且老子在倫理道德上，雖主張摒棄人為的仁義禮智，而曰：「絕聖棄智，民利百倍；絕仁棄義，民復孝慈。」（〈第19章〉）卻還是以「孝慈」作為尋求目標，所以，老子是有道德倫理善的觀念，只是他以道作為整個思想的中心，落實於人性來說是善的，並且是超越的，故稱可為超越善的人性論。

（二）自知之心

心是主體意識的承載者，它可以是現實經驗的存在，也可以是超越的本

〔註43〕王淮《老子探義》（臺北：台灣商務印書館，1985.3）
〔註44〕朱伯崑《先秦倫理學概論》（北京：北京大學，1984）頁195。

體存在，故人性要靠心的能動作用來實現。老子曰：「知常曰明。」（〈第 16 章〉）「常」為自然之常道。能知常道，可謂有明達之智慧。又曰：

> 同其光，復歸其明，無遺身殃，是為襲常。（〈第 52 章〉）

此「明」是內在所本有之智慧，故言「復歸」。復返於智慧之本明，就是修道（襲常）。而「智慧之本明，即是心體之虛靜，心體之虛靜（明），故有照物之用（光）。」〔註 45〕故老子之心是一種虛靜的存在本體，只要透過直覺的自我體認，即可體現自然質樸之性，即老子說的「自知者明」（〈第 33 章〉），心是虛靜、智慧之本體，同時具有主動虛的作用，有如孟子之心，既是良能，又是良知，是種自足、自知的狀態。老子之心與孟子之心不同的是：孟子強調心是自知倫理道德的道德心，而老子強調心能理智超越倫理道德的虛靜心，二者都是以內求與自知的方式來體現其心。

而人終究必須依存於經驗世界中，要想從相對性的社會關係中擺脫出來，是需要內心體驗的修養方法，在此，老子提出了「致虛極、守靜篤」（〈第 16 章〉）、「見素抱樸，少私寡欲」（〈第 19 章〉）、「滌除玄覽」（〈第 10 章〉）、「載營魄抱一」（〈第 10 章〉）使心回復本來之清明與樸質的狀態，達到無知無識、虛靜無為、自然素樸之心性合一的境界。

二、《莊子》之心性論

莊子較老子更明確地提出道在本體上的作用，以及較老子積極說明經驗世界現象的相對性、變異性、流動性，並強調超脫外物繫絆，達到「無己」、「無功」、「無名」的無條件絕對的精神自由。而莊子心性論「是莊子哲學中的重要問題，它表現了莊子的自我超越的主體思想以及追求精神自由的自然境界說。」〔註 46〕因莊子立足於現象經驗的是非、善惡、生死的相對性中，主張超越是非、善惡、生死等經驗現象，而順人之本性以達其圓滿，較老子直指人性體現道之德，可說是從相對中求平衡與超越，故言《莊子》的心性思想是超越善惡的心性論。

（一）性論

《莊子》：「泰初有無，無有無名；一之所起，有一而未形。物得以生，謂之德；未形者有分，且然無閒，謂之命。」（〈天地〉）又曰：「形非道不生，生

〔註 45〕 王淮《老子探義》（臺北：台灣商務印書館，1985.3）頁 210，王淮的案語。
〔註 46〕 蒙培元《中國心性論》（臺北：臺灣學生書局，1990.4）頁 59。

非德不明。存形窮生，立德明道，非王德者邪！」（〈天地〉）道分化萬物之中，而成其德，即成就了萬物的本性，即「性命非汝有，是天地之委順也」（〈知北遊〉）天地（道）委順於人為人之性。

就性字來說，《莊子》內篇之「德」字，與外篇、雜篇中的性字意義相同，乃指「人與物的身上內在化的道」〔註47〕，是道體在人身上的呈現，故莊子與老子相同，都以「德」來說「性」。

《莊子》之「德性」乃道體之呈現，具有中和、平和的特質：

> 夫德，和也；道，理也。（〈繕性〉）

> 德者，成和之脩也。德不形者，物不能離也。（〈德充符〉）

和是和諧的修養，是內在本然的平和狀態，是人本有的和同萬物、和光同塵，自然融洽於外物的本質，也就是人內在本真之性，即〈應帝王〉曰：

> 其知情信，其德甚真，而未始入於非人。

純德全真，契合於道之性。有此全德之性則可以超越天下有為之事，如〈刻意〉所言：

> 若夫不刻意而高，無仁義而修，無功名而治，無江海而閒，不道引而壽，無不忘也，無不有也，澹然無極而眾美從之。此天地之道，聖人之德也。故曰：夫恬惔寂漠虛無無為，此天地之平而道德之質也。故曰：聖人休休焉則平易矣，平易則恬惔矣。平易恬惔，則憂患不能入，邪氣不能襲，故其德全而神不虧。

能超越仁義道德規範與有為的功名，平易恬淡、虛無無為，呈現聖人之質。〈逍遙遊〉曰：「至人無己，神人無功，聖人無名。」之「無己」、「無功」、「無名」即最圓滿之性，故莊子的人性說是一種超越善惡的理論。

〔註47〕徐復觀《中國人性論史‧先秦篇》頁372：「莊子的外篇、雜篇，不斷地提到性字。前面說過，內篇的德字，實際便是性字。但外篇雜篇，卻常常將性字德字對舉，這一方面是說明莊子或他的後學，受了性字流行的影響；一方面也是觀念上進一步的分疏。若勉強說性與德的分別，則在人與物的身上內在化的道，稍微靠近抽象地道的方面來說時，便是德；貼近具體的形的方面來說時，便是性。」蒙培元《中國心性論》頁58；劉笑敢《莊子哲學及其演變》（北京：中華社會科學出版社，1988.2）頁276：「性與德的關係至為密切，德是道之所本，生是德之顯發，而生之素質為性；由德而有生，有生乃有性。」皆認為德就是性。

（二）心論

徐復觀在論莊子的心時，就說「心，在《莊子》一書中是一個麻煩的問題。」〔註48〕可見莊子的心論是一個複雜的議題。《莊子》內篇多起言心之處，然論心時，多以「神」、「精」、「志」、「神明」、「靈府」、「靈臺」、「真君」等名詞來論述，〔註49〕可知莊子說心時無固定形式，故研究莊子之心論不可只就「心」上作探討。就相對與絕對的區分，相應於天道與人道，莊子的心可分為虛無之心與世俗之心。

1. 虛無之心

虛無之心是超越人道世俗與天道相連繫的本體之道心，是莊子說：

> 體盡無窮，而遊無朕：盡其所受乎天，而無見得，亦虛而已，至人
> 用心若鏡，不將不迎，應而不藏，故能勝物而不傷。（〈應帝王〉）

> 鑑明則塵垢不止，止則不明也。久與賢人處則無過。（〈德充符〉）

具有不會滯於偏執而溺於物的特質，不被外物牽流陷溺而能完全自主之自然狀態，是人心最初的狀態。〔註50〕莊子並以「靈府」、「靈臺」來說心之虛靜澈照；以「真君」來說明人身淳德本真，是源自道體的生命主體，是人身真正的主宰。

「虛無之心」是與道契合的無為自然之虛靈明覺的主體，可以自覺其「真宰」，而大通於相對的現象世界，如《莊子》曰：

> 獨與天地精神往來而不敖倪於萬物，不譴是非，以與世俗處。……
> 彼其充實不可以已，上與造物者遊，而下與外死生無終始者為友。
> 其於本也，弘大而辟，深閎而肆，其於宗也，可謂稠適而上遂矣。
> （〈天下〉）

「勝物而不傷」（〈應帝王〉）不為外物所支配，可以「遊心於無窮」（〈則陽〉），「逍遙於天地之間而心意自得」（〈讓王〉），心神順任外物的變化而遨遊，達到真自主自由的境界。

〔註48〕徐復觀《中國人性論史・先秦篇》頁379。
〔註49〕例如：〈養生主〉：「以神遇而不以目視，官知止而神欲行」之「神」、〈德充符〉：「今子外乎子之神，勞乎子之精，倚樹而吟，據槁梧而瞑」之「精」、〈齊物論〉：「昔者莊周夢為胡蝶，栩栩然胡蝶也，自喻適志與」之「志」、〈齊物論〉：「勞神明為一而不知其同也」之「神明」、〈德充符〉：「故不足以滑和，不可入於『靈府』之「靈府」、〈達生〉：「其靈臺一而不桎」之「靈臺」、〈齊物論〉：「其遞相為君臣乎？其有真君存焉？如求得其情與不得，無益損乎其真」之「真君」等。
〔註50〕〈繕性〉：「人雖有知，無所用之。」

2. 世俗之心

　　人本有與道合一之自然虛無之心，但此心易於落入形質之器，而執著陷溺，即莊子所貶的世俗之心。此世俗之心，如〈齊物論〉曰：

> 一受其成形，不忘以待盡。與物相刃相靡，其行盡如馳，而莫之能止，不亦悲乎！終身役役而不見其成功，苶然疲役而不知其所歸，可不哀邪！人謂之不死，奚益！其形化，其心與之然，可不謂大哀乎？人之生也，固若是芒乎？其我獨芒，而人亦有不芒者乎？

執著於形骸的茫（芒）昧之心；與〈在宥〉借老聃曰：

> 人心排下而進上，上下囚殺，淖約柔乎剛彊。廉劌彫琢，其熱焦火，其寒凝冰。其疾俛仰之間而再撫四海之外，其居也淵而靜，其動也懸而天。僨驕而不可係者，其唯人心乎！

當人受外界影響激動時心如焦火，冷淡時心如寒冰，這些喜怒哀樂的情識之心；與〈人間世〉曰：

> 且以巧鬥力者，始乎陽，常卒乎陰，泰至則多奇巧；以禮飲酒者，始乎治，常卒乎亂，泰至則多奇樂。凡事亦然。始乎諒，常卒乎鄙；其作始也簡，其將畢也必巨。言者，風波也；行者，實喪也。夫風波易以動，實喪易以危。故忿設無由，巧言偏辭。

營營思慮的巧智之心；與〈齊物論〉曰：

> 隨其成心而師之，誰獨且無師乎？奚必知代而心自取者有之？愚者與有焉。未成乎心而有是非，是今日適越而昔至也。是以無有為有。無有為有，雖有神禹，且不能知，吾獨且奈何哉！

執一家之偏見的自是成心，皆起於貪執物欲與名利，或把心寄託於外物，形成「凡外重者內拙」（〈達生〉），失其本初之虛無之心。

　　世俗之心是本心被蒙蔽所造成，欲返虛靈明覺之心，莊子提出了「心齋」與「坐忘」的修養工夫。莊子在〈人間世〉借仲尼曰：

> 一志，無聽之以耳而聽之以心，無聽之以心而聽之以氣！聽止於耳，心止於符。氣也者，虛而待物者也。唯道集虛。虛者，心齋也。

心有感官知覺，亦受於世俗的相對現象而執於外物，所以莊子主張要遺遣外物，不可以感官聽，要用心聽，進而「聽之以氣」，超越心的知覺情識，使心達到虛無寂靜，如止水鑑照萬物，不將不迎，漸契於道之自然，即為「心齋」之工夫。

莊子在〈大宗師〉提出「坐忘」之修養，曰：

> 顏回曰：「回益矣。」仲尼曰：「何謂也？」曰：「回忘仁義矣。」曰：
> 「可矣，猶未也。」他日，復見，曰：「回益矣。」曰：「何謂也？」
> 曰：「回忘禮樂矣。」曰：「可矣，猶未也。」他日，復見，曰：「回
> 益矣。」曰：「何謂也？」曰：「回坐忘矣。」仲尼蹴然曰：「何謂坐
> 忘？」顏回曰：「墮肢體，黜聰明，離形去知，同於大通，此謂坐忘。」
> 仲尼曰：「同則無好也，化則無常也。而果其賢乎！丘也請從而後
> 也。」

藉著「忘仁義」、「忘禮樂」、「墮肢體」，「黜聰明」、「離形去知」，遣遣外物與
形體的執著，與除去官能與巧智牽累，使心靈回歸於道之自然無為。莊子以
「心齋」、「坐忘」作為回復虛靜心之工夫，同時也是復歸本性的進路。

第四節　法家之心性論

一、《管子》之心性論

　　《管子》是以管仲名義而成書的。《史記‧管晏列傳》：「吾讀管氏〈牧民〉、
〈山高〉、〈乘馬〉、〈輕重〉、〈九府〉及《晏子春秋》，詳哉其言之也。既見其
著書，欲觀其行事，故次其傳。」故司馬遷以為《管子》為管仲所作。有關
《管子》成書何時？學者根據其所反映的思想內容，是戰國中後期的作品，
且非一人一家一派的著作。〔註51〕因傳統觀點將管仲劃入法家，故將《管子》
列為法家之著作。

　　《管子》之心性論，存在兩種不同的看法：一種是自利的人性觀。另一
種是以〈內業〉、〈心術上〉、〈心術下〉、〈白心〉四篇為主的平正之心性。

（一）好利之心性

《管子》曰：

> 夫凡人之情，見利莫能勿就，見害莫能勿避。其商人通賈，倍道兼
> 行，夜以續日，千里而不遠者，利在前也。漁人之入海，海深萬仞，
> 就彼逆流，乘危百里，宿夜不出者，利在水也。故利之所在，雖千
> 仞之山，無所不上；深源之下，無所不入焉；故善者勢利之在，而

〔註51〕劉澤華《先秦政治思想史》（天津：南開大學出版社，1984）頁234。

民自美安，不推而往，不引而來，不煩不擾，而民自富。」（〈禁藏〉）

凡眾者，愛之則親，利之則至，是故明君設利以致之，明愛以親之；

徒利而不愛，則眾至而不親；徒愛而不利，則眾親而不至。（〈版法〉）

認為趨利是心性之質，又曰：「欲知者知之，欲利者利之，欲勇者勇之，欲貴者貴之。彼欲貴，我貴之，人謂我有禮。彼欲勇，我勇之，人謂我恭。彼欲利，我利之，人謂我仁。彼欲知，我知之，人謂我愍。」（〈樞言〉）欲知、利、勇、貴之趨利避害之心，是合乎禮、恭、仁、愍之德行。故《管子》肯定趨利之心性的道德評價。

《管子》從好利的人性觀，提出治理國家的方法外，也提出「厚愛利，足以親之。……人情不二，故民情可得而御也。」（〈權修〉）順應趨利避害之心性的教化方式。

（二）平正之心性

《管子・內業》曰：

凡人之生也，必以平正；所以失之，必以喜怒憂患，是故止怒莫若詩，去憂莫若樂，節樂莫若禮，守禮莫若敬，守敬莫若靜，內靜外敬，能反其性，性將大定。

人之生性本為平和中正。平正之性若失，則喜怒憂患生。產生了喜怒憂患，則可以藉《詩》來節制憤怒，以音樂除去煩憂，以禮調整喜樂，使內心靜定，回復平正的本性。

《管子》主張人具有平正心性說時，強調以「靜」來保持心正的狀態，因為「天主正，地主平。人主安靜。」（〈內業〉）人以安靜為法則。「形不正，德不來；中不靜，心不治。正形攝德，是謂中得。」（〈內業〉）若內心不安靜，則無法心正。而如何心處安靜之境，《管子》則提出儒家之《詩》、《樂》、《禮》來調諧。

二、韓非之心性論

戰國後期之韓非（約西元前 280～233），為集法家之大成者，其師承荀子，從人的「自然屬性」來說心性：

（一）好利之心性

韓非曰：

夫智，性也，壽，命也。性命者，非所學於人也。（《韓非子・顯學》）

智是心之能。韓非在性上說心，以為智心是性的表現。又曰：

> 人無毛羽，不衣則不犯寒。上不屬天，而下不著地，以腸胃為根本，
>
> 不食則不能活。是以不免於欲利之心。（《韓非子‧解老》）

從生物屬性上說人的基本生理之需求，而不免有欲食、欲衣之欲利之心，即
人之性。因此，韓非將心性合一來論人之心性有欲利之特性。又曰：

> 好利惡害，夫人之所有也。（《韓非子‧難二》）
>
> 夫安利者就之，危害者去之，此人之情也。（《韓非子‧姦劫弒臣》）

韓非從生物本性的觀點，建立人有好利惡害之自然心性。韓非將好利之心性，
立於生物本能上說，故無善惡之別，乃屬自然之好利之心性。〔註52〕因此，
韓非曰：「凡治天下，必因人情。人情者，有好惡，故賞罰可用；賞罰可用

〔註52〕對於韓非性之善惡問題，學者有不同的看法：（1）主張性惡說者，有徐復觀
《中國人性史‧先秦篇》（臺北：臺灣商務印書館，1969.1）頁439：「韓非的
思想，是以性惡心惡為其出發點，……韓非純粹生理地生命來認定性，生與
性，可以視作同義語。……此性由生理欲而見，心的智能與生理的欲望相結
合，則心將純是利己的活動。」勞思光《中國哲學史‧第一卷》（臺北：三民
書局，1986.12）頁309：「韓非思想，在價值觀念方面，為一純粹否定論者……
屬一極為罕見之邪僻思想。……儒學有荀卿『性惡』之說，為韓非所襲取，
遂成極端性之惡之論，而視一切善行德性為不可。」韋政通《中國思想史》
（臺北：大林出版社，1981.11）頁362：「在韓非，人存在的價值，完全在作
為一個政治的工具上，他又主張國君的統治和政治的應用與道德無關，由此
已不難推斷，他對人性的了解勢必歸於性惡之說。……韓非是荀子的學生，
荀子主張性惡，韓非也主張性惡，因此認為韓非性惡說得之於荀子，這是可
以肯定的。但二者之間名同而實不同……荀子並不就人的本能說性惡，性本
身無所謂善惡，人之所以流于惡，乃由於人之貪欲而不知節……所以荀子的
性惡是後起的。……韓非則不然，他純就人的自為自利之心以言性，自然之
性本身就是自利的，而且人性中除了私利之計較之外，別無其他，這才是人
性本惡的主張。」王邦雄《韓非子的哲學》（臺北：東大圖書有限公司，1977.8）
頁273：「韓非之人性論，循其師承之舊路，由人之情欲來觀察人性，唯形近
而實異。荀子之性惡論實未就人性之本身言，而是基於爭亂之起於欲求而言，
欲求亦非惡，惡實來自欲求之『無定量分界』。韓非之性惡，則直就性本身說，
且心又未能獨立於人性之外……心性皆惡，道德規範與教育師法兩路皆斷。」
（2）主張中性自利的人性說，有吳怡《中國哲學發展史》（臺北：三民書局，
1996.11）頁230：「韓非對於人性本身並沒有作理論性的探討，他只是就經驗
上的好利之心，來構搭他的法的根據。」高柏園《中國哲學史》（臺北：國立
空中大學，2001.2）頁212：「其實，將韓非之人性論解為一性惡論者，根本
是在不自覺中將韓非之心性論與荀卿之人性論相等同而後有之論，……飲食
男女等事件中，實在分析不出任何惡的存在，蓋此中皆乃一中性之事實而已，
實無善惡可言。」

則禁令可立而治道具矣。」（《韓非子・八經》）順應人性，因人情而治。若性是惡，順應性惡而發展，則無法達到平治的地步；又《韓非子》中沒有確切的性惡觀點。故韓非的心性善惡問題，是持自然之好利說，不強調善惡的分別。

韓非以為人之欲利之心，以自利出發，即使在儒家認為天經地義的倫理關係中，亦不免從自利為發心，曰：

> 且父母之於子也，產男則相賀，產女則殺之。此俱出父母之懷袵，然男子受賀，女子殺之者，慮其後便、計之長利也。故父母之於子也，猶用計算之心以相待也，而況無父子之澤乎！（《韓非子・六反》）

> 人為嬰兒也，父母養之簡，子長而怨。子盛壯成人，其供養薄，父母怒而誚之。子、父，至親也，而或譙、或怨者，皆挾相為而不周於為己也。（《韓非子・外儲說左上》）

父子骨肉之親，因利益計算，而有重男輕女的觀念，或怨恨責罵之事。又曰：

> 夫妻者，非有骨肉之恩也，愛則親，不愛則疏。語曰：「其母好者其子抱。」然則其為之反也，其母惡者其子釋。丈夫年五十而好色未解也，婦人年三十而美色衰矣。以衰美之婦人事好色之丈夫，則身疑見疏賤，而子疑不為後，此后妃、夫人之所以冀其君之死者也。唯母為后而子為主，則令無不行，禁無不止，男女之樂不減於先君，而擅萬乘不疑，此鴆毒扼昧之所以用也。（《韓非子・備內》）

為了擔心自己的孩子不能繼承王位，以鴆毒弒君，夫妻之間成為利害關係。又曰：

> 人臣之於其君，非有骨肉之親也，縛於勢而不得不事也。（《韓非子・備內》）

君臣之間，沒有骨肉之親、父子之澤，也只是利害關係。在韓非看來，不管是父子、夫婦、君臣，或是世人皆以自利的計算心相對待，以謀求自己的最大利益而努力。

（二）因情而治

韓非認為人有好利的心性，想要讓人停止追逐利益是不可能的，所以何不順應人性發展，曰：

> 凡治天下，必因人情。人情者，有好惡，故賞罰可用；賞罰可用則

禁令可立而治道具矣。(《韓非子‧八經》)

不必改變人的好利之心性,善用賞罰的政策,使人民之行為達到最佳的效果。韓非曰:

仲尼,天下聖人也,修行明道以遊海內,海內說其仁,美其義,而為服役者七十人,蓋貴仁者寡,能義者難也。(《韓非子‧五蠹》)

聖人能克制自己的追逐利益的欲望,但不能表示他沒有欲利之心性。因此,可以正確引導人性,利用人的好利之心性,使國家富強,曰:

霸王者,人主之大利也。人主挾大利以聽治,故其任官者當能,其賞罰無私。使士民明焉盡力致死、則功伐可立而爵祿可致,爵祿致而富貴之業成矣。富貴者,人臣之大利也。人臣挾大利以從事,故其行危至死,其力盡而不望。(《韓非子‧六反》)

利用人對爵祿、富貴的欲望,作為國家、社會發展的動力。韓非人性的好利出發,主張「因情而治」,從而提供一套君王的統治之術。

小　結

　　就《尚書》、《詩經》、《左傳》之成書先後,至今尚無定論,然就其對心性觀念之發展,是可以探析中國心性思想發展的雛形。

　　出現於《尚書》中之性字共有五例,皆指人之欲望、本能或本性、本質解,並有「節性」與「不虞天性」的節制欲望觀念。至於以什麼來節制人的本性,尚未說明,然養性觀念已存在。

　　出現於《詩經》中之性字,唯有「彌爾性」一例,此性是指壽命、福祿之性命說。而性命是人與生俱來不可抗拒的外在條件,故《詩經》此性還是與《尚書》之性相承繼,以現代之說法,皆指相對於社會性的人性之自然性部分,且無善惡之分,即使〈大雅‧烝民〉有「天生烝民,有物有則民之秉彝,好是懿德」的說法,還是無法斷言《詩經》中之性含有性善之意。而「彌爾性」隱含著性命是需要後天的培養,與《尚書》相同,主張性是須待把持的。

　　《左傳》之性有更進一步的發展,首先,它在《尚書》、《詩經》之人的自然性上,更詳細地分出五味、五色、五聲的生理需求,與好惡喜怒哀樂之心理反應。且具體地提出「節用於內,而樹德於外」,認為欲望是要加以節制,感情則需要調諧,欲望與感情各有不同的涵養工夫。

　　次之，《左傳》提出了以什麼來做為養性的法則，在此《左傳》揭示出了「禮」字。「民失其性，是故為禮以奉之」，禮是「天之經，地之義」，乃天地的自然準則，以「奉禮」作為節制欲望，調諧感情的養性方式。

　　再次，《左傳》更進一步在自然之人性外，提出具有價值判斷的性善說，如「勿使失性」、「莫保其性」等於「天地之性」，皆為善性。《左傳》在此將《詩經》強調「敬慎威儀，維民之則」的外在規範，化為人的內在道德，建立起道德的主體性，成為性善說之根源。因此，《左傳》將《尚書》、《詩經》之人的自然性分為生理與心理二層面外，並在自然之人性外，提出人與生俱有道德之人性。然這人之稟性，是由「天」所賦予之名義，為後來〈中庸〉之「天命之謂性」所繼承而創發。〔註53〕

　　又《左傳》在《尚書》、《詩經》只說人由天生，性由天賦，從天至人性的過程中發現了「氣」的存在與重要性。「人由天生，性由天賦」都是《尚書》、《詩經》與《左傳》相同的看法，一者說明當時天的權威性；一者說明性的天生自然的生成意義，如性字之原始意義一樣，「性者，生也。」性是「生」字孳乳而出的形聲字，〔註54〕然卻代表著人生下來就有的本質，後來的思想家說性時，也多不離此意義來說。而《左傳》觀察到「氣」在宇宙存在的作用及其代表性，故提出「氣」作為人性的根本，此在《左傳》建立人性與形上本體論相結合的基礎。所以，在《左傳》的人性說，一方面建立了以禮作為善性之主體的「人之道德性」；另方面也建立了氣化的「人之自然性」。前者為後來孟子性善論的基礎，後者為漢代氣性說之根本。

　　至於心說的發展。心字比性字出現早，在先秦時代心字的使用也比性字來的多，如《尚書》中有四十多筆，於《詩經》中有七十多筆，見於《左傳》中有一百二十多筆。心的道德性也比性發展得早。在同時期的《尚書》中，性指人之生理欲求時，「其心愧恥」有慚愧、知恥的道德感。而《詩經》裡已直接有「德心」的看法，並以廣大德心作為心的涵養工夫。只是它們不管是性與心的發展上，多從負面上提點，是否如牟宗三所說中國哲學起於憂患意識，〔註55〕讓我們「臨事而懼」產生戒慎恐懼、負責認真的態度。

〔註53〕〈中庸〉之天已從人格神的天遞變為形上本體的天道。

〔註54〕段玉裁注；徐灝箋《說文解字注箋·卷六·下》（臺北：廣文書局，1972）頁2013：「生，古性字，書傳往往互用。」

〔註55〕牟宗三《中國哲學的特質·第三講憂患意識中之敬、敬德、明德、與天命》（臺北：台灣學生書局，1984.4）頁20。

　　而到了《左傳》，心除了作人的意志、意念等心理狀態外，心也具有制義的功能，而此心是一種認識、經驗的心，不是道德本心，雖有道德實踐能力，但主要是實踐客觀、外在的道德規範，而不是自主、自律的自覺，不同於孟子的道德主體心，反而較接近於荀子的認知心。

　　心性說發展至孔子，孔子尚存著先秦思想家說心較說性多的情形，並以心來說性，並強調心志的重要地位，此觀點乃承繼著《尚書》之「惟精惟一，允執厥中」而發展，是孔子強調心的能動作用。性不管是善或是惡，他只是靜態的存有，需要依靠心的主動認知與自覺作用，才能成為具體的行為。

　　根據《尚書》與《詩經》中性與心之發展，可以得知心較性先具有道德意義的存在。也就是說在中國心性論的發展上，「心善」觀點比「性善」觀點來得早。因此，從孔子及其以前心性思想發展來看，後來孟子會以「四端」之心來說性善，則有其脈絡可尋了。

　　而在《詩經》中曰：「天生蒸民，有物有則。民之秉彝，好是懿德。」一段話，尚未有明顯性善的涵義，而發展至孟子則引以為善性得自於天的證明了。而荀子的心性思想不同於孟子以道德情感為基礎而建立起善的心性論，他是以自然本性和理智之心的基礎上建立起，屬於自然經驗理智的觀點。

　　在道家中老子則以道作為整個思想的中心，落實於人性來說，是屬於是超越超善惡的人性論。而其所謂的心是虛靜、智慧之本體，同時具有主動性的作用，強調心能理智超越倫理道德的虛靜心。《莊子》則認為「性」是道體在人身上的呈現，具有中和、平和的特質，是能超越仁義道德規範與有為的功名，具有平易恬淡、虛無無為之質。莊子並以「靈府」、「靈臺」來說心之虛靜澈照，是人身真正的主宰。而法家從現實的角度觀察，而主張好利之心性。漢代心性論就在此先秦心性思想的基礎上繼續發展下去。

　　關於法家者，整部《管子》一書，對心性本質有大異的兩種看法，一為自利之心性；一為平正之心性。此二心性之說，《管子》也沒有是善或惡之評斷。而韓非之好利的心性論，當受《管子》之影響。

第三章　西漢前期之心性論

　　「西漢前期」乃指劉邦建立漢王朝至漢武帝建元年間。在此時期，一方面鑑於暴秦的快速覆亡，二方面因社會久經戰亂，殘破不堪，為紓民困，於是漢初統治者推行黃老治術，以求長治久安。黃老學說在漢初執政者的實施與獎勵之下，成為漢初思想之主流。此時期的心性論發展，在繼承先秦的心性論的基礎上，並另有開發，對此後的心性論起有重大的影響。這時期以陸賈、賈誼、韓嬰、《淮南子》為代表，他們不論是受儒家或道家影響，皆認為人具有仁義之性。

第一節　賈誼之心性論

一、賈誼生平

　　賈誼（西元前 200～前 168），河南洛陽人。賈誼幼年，隨荀子的弟子、秦博士張蒼學《左氏春秋》。《漢書・賈誼傳》載賈誼「年十八，以能誦《詩》、《書》屬文稱於郡中。河南守吳公聞其秀材，召置門下，甚幸愛。」後吳公入朝為廷尉，向文帝推薦賈誼，稱其「通諸子百家之書」。後「文帝召為博士，是時，誼年二十餘，最為少。每詔令議下，諸多先生未能言，誼盡為之對，人人各如其意所出，諸生如是以為能。文帝說之，超遷，歲中至太中大夫。」（《漢書・賈誼傳》）當時天下安定，賈誼認為應改革陳規舊法，並提出改正朔，易服色制度，定官名，興禮樂等具體方案。這個改革方案觸及一些既得利益集團的利益，因而「絳、灌、東陽侯、馮敬之屬盡害之，乃毀誼曰：『雒

陽之人年少初學，專欲擅權，紛亂諸事。」於是天子後亦疏之，不用其議，以
誼為長沙王太傅。誼既以適去，意不自得，及渡湘水，為賦以吊屈原。」(《漢
書・賈誼傳》) 四年後，賈誼被召入京，任梁懷王劉勝太傅。「梁王勝墜馬死，
誼自傷為傅無狀，常哭泣，後歲餘，亦死。賈生之死，年三十三矣。」班固《漢
書・賈誼傳》引劉向語，贊曰：「賈誼言三代與秦治亂之意，其論甚美，通達國
體，雖古之伊、管未能遠過也。使時見用，功化必盛。為庸臣所害，甚可悼痛。」

　　賈誼著有《新書》五十八篇，《漢書・藝文志・詩賦略》載賦七篇，今得
見僅〈弔屈原賦〉、〈鵩鳥賦〉、〈惜誓〉、〈旱雲賦〉、〈虛賦〉等五篇。《新書》
因內容不易讀解，加上歷來記載其書名與卷數有異，〔註1〕故學者對其真偽起
爭議，如陳振孫《新書解題》、姚鼐《惜抱軒文集》、盧文弨《抱經堂文集》、
徐復觀《兩漢思想史》、蔡廷吉《賈誼研究》皆有辨證。今引賈誼書還是多以
《漢書》所紀為據。

　　賈誼是西漢前期重要的思想家、政治家、文學家。就賈誼的思想來說，
長期以來多有不同的看法，如《漢書・藝文志》、《隋書・經籍志》、《新唐書・
藝文志》，將賈誼列儒家類。近代學者如侯外盧曰：「賈生〈治安策〉不僅在形
式上有《荀子》之〈富國〉、〈議兵〉諸篇的結構，而且在思想上也深得荀學修
養。」〔註2〕金春峰曰：「從賈誼到董仲舒，儒家思想的演變，一方面可以看
作一種持續不斷前後相繼的發展，一種有著共同傾向和目標的思想運動；一
方面又可以看作一種量變到質變的飛躍。」〔註3〕皆主張賈誼思想以儒家先王
之治，及仁義思想為出發點，當屬儒家者流者。而司馬遷《史記・太史公自
序》：「賈生、晁錯明申商。」王夫之《讀通鑑論》曰：「誼之為學，……任法
任智。」〔註4〕認為賈誼思想是對法家的繼承與發展。而朱熹曰：「賈誼之學
雜。他本是戰國縱橫之學，只是較近道理。」〔註5〕與《宋史・藝文志》，主
張賈誼為雜家之列。由此可見，賈誼是兼綜百家之思想家。

　　賈誼的哲學思想，在兼採各家學說的基礎上，能建立其自己的思想體系，

〔註1〕《漢書・藝文志》載「賈誼五十八篇」；《隋書・經籍志》子錄《新唐書・藝
　　　　文志》子錄之儒家類載「賈子九卷」，〈集錄・別集類〉載「賈誼集二卷」；《新
　　　　唐書・藝文志》子錄之儒家類載「賈誼新書十卷」。
〔註2〕侯外盧《中國思想史・第二冊》(北京：人民出版社，1957) 頁 66。
〔註3〕金春峰《漢代思想史》(北京：中國社會科學出版社，1997.12) 頁 113。
〔註4〕王夫之《讀通鑑論》(北京：中華書局，1975.7) 頁 78。
〔註5〕朱熹《朱子語類・卷第一百三十六》(臺北：華世出版社，1987.1)

並有其重要之地位。劉歆〈移讓太常博士書〉贊賈誼是漢初能繼孔子之道者，曰：

> 漢興，去聖帝明王遐遠，仲尼之道又絕，法度無所因襲。……。在朝之儒，唯賈生而已。（《漢書·楚元王傳》）

牟宗三曰：

> 高祖集團是材質上的開國，而賈生則是精神或理想上的開國。故吾謂其為「開國之盛音，創建之靈魂，漢代精神之源泉也。」他是漢代的觀念理想，總之漢代的心靈開闢者。〔註6〕

稱賈誼在漢初立國的作用上，有心靈開闢者之意義。徐復觀則從思想上肯定其地位，曰：

> 他把道家的道與德的形上格架，加以詳密化，一步一步的向下落實；在落實的過程中，將道家的虛、靜、明，將儒家的仁、義、禮、智，都融到裏面去，以完成天地人與萬物的創造，以建立六藝與形上的密切關連；由此而所呈現出的宇宙、人生、學問的莊嚴形相，實不愧為一位大思想家，大哲學家，在哲學上的偉大成就。〔註7〕

確定其在文學上的價值，曰：

> 楚詞系統的漢賦，實由賈誼開其端，啟其鑰，在文學史上的意義特為重大。〔註8〕

戴君仁認為賈誼是漢初最卓越之儒者。〔註9〕

二、心性論之根源——道與德

賈誼曰：「性者，道德造物，物有形而道德之神專而為一氣。」（《新書·道德說》）認為「道德」造物。而當「道德」神奇變化，交聚成氣的狀態時，則「性」成。又曰：「道者，所從接物也。」（《新書·道術》）道為心之認知的根據，故「道德」是構成賈誼所謂心性的根源。

（一）道

道是宇宙萬物的本源，賈誼曰：

〔註6〕牟宗三《歷史哲學》（臺北：臺灣學生書局，1988）頁240。
〔註7〕徐復觀《兩漢思想史·卷二》（臺灣，學生書局，1989.9）頁170。
〔註8〕徐復觀《兩漢思想史·卷二》（臺灣，學生書局，1989.9）頁110。
〔註9〕戴君仁〈論賈誼的學術並及其前後的學者〉（《大陸雜誌》，36卷4期）

　　　物所道始謂之道，所得以生謂之德。德之有也，以道為本，故曰道
　　　者德之本也。(《新書‧道德說》)

萬物是由德而生，德又是由道而生，道是宇宙萬物的最初之源，萬物的根本。

　　而道是一種空虛無形的本體，賈誼曰：

　　　道者無形，平和而神。道物有載物者，畢以順理和適行，故物有清
　　　而澤。澤者，鑑也，鑑以道之神。模貫物形，通達空竅，奉一出入
　　　為先，故謂之鑑。鑑者所以能見也。見者，目也。(《新書‧道德說》)

道平和而神奇，空虛無形，載負萬物，其通達空竅，有如清澤的鏡子與清潤
純潔的眼睛一樣，〔註10〕能客觀地映照萬物的本然。賈誼稱道之無形、平和
而神、精微的本體狀態為「虛」，曰：

　　　道者，所從接物也。其本者謂之虛，其末者謂之術。虛者，言其精
　　　微也，平素而無設施也。術也者，所從制物也，動靜之數也。凡此
　　　皆道也。(《新書‧道術》)

道作為宇宙萬物的根源，是「虛」的本體性。而到落實於萬物，成為萬物的動
靜規律，表現於具體的作用與原則，稱為「術」。故道以「虛」為體，以「術」
為用。

　　《新書‧道術》曰：

　　　曰：「請問虛之接物，何如？」對曰：「鏡儀而居，無執不臧，美惡
　　　畢至，各得其當。衡虛無私，平靜而處，輕重畢懸，各得其所。明
　　　主者，南面而正，清虛而靜，令名自宣，命物自定，如鑑之應，如
　　　衡之稱，有豐和之，有端隨之，物鞠其極，而以當施之。此虛之接
　　　物也。」

道以「虛」為體，因此，接物要把握清虛、平靜、無私的最高原則。然落於現
實實用上，因事制宜，而有具體之術，如賈誼對政治則提出仁、義、禮、信、
法、舉賢、使能、英俊在位、羽翼勝任、操德而固、教順而必、周聽、稽驗、
明好惡、密事端等原則與致用方法，曰：

　　　曰：「請問術之接物何如？」對曰：「人主仁而境內和矣，故其士民
　　　莫弗親也；人主義而境內理矣，故其士民莫弗順也；人主有禮而境
　　　內肅矣，故其士民莫弗敬也；人主有信而境內貞矣，故其士民莫弗
　　　信也；人主公而境內服矣，故其士民莫弗戴也；人主法而境內軌矣，

〔註10〕《新書‧道德說》：「目清而潤澤若濡，無塵穢雜焉，故能見也。」

故其士民莫弗輔也。舉賢則民化善，使能則官職治，英俊在位則主尊，羽翼勝任則民顯，操德而固則威立，教順而必則令行。周聽則不蔽，稽驗則不惶，明好惡則民心化，密事端則人主神。術者，接物之隊。凡權重者必謹於事，令行者必謹於言，則過敗鮮矣。此術之接物之道也。其為原無屈，其應變無極，故聖人尊之。夫道之詳，不可勝述也。」

〈道術〉中，賈誼以五十六品為善之體，來說明接物之道，曰：

請問品善之體何如？親愛利子謂之慈，反慈為嚚；子愛利親謂之孝，反孝為孽；愛利出中謂之忠，反忠為倍；心省恤人謂之惠，反惠為困；兄敬愛弟謂之友，反友為虐；弟敬愛兄謂之悌，反悌為敖；……志操精果謂之誠，反誠為殆；克行遂節謂之必，反必為怛。凡此品也，善之體也，所謂道也。

社會人倫的道德規範，是道之虛體展現於具體現實的致用之術。

（二）德

道作為宇宙萬物的根源，必賴「德」以化生萬物，賈誼曰：

物所道始，謂之道。所得以生，謂之德。德之有也，以道為本。故曰：「道者，德之本也」。德生物養又養物，則物安利矣。……德生物，又養長之而弗離也。……德生於道而有理，守理則合於道，與道理密而弗離也，故能畜物養物，物莫不仰恃德。道而勿失，則有道矣；得而守之，則有德矣；行有無休，則行成矣。（《新書・道德說》）

生化萬物的過程中，以道為根源，「德者，離無而之有，故潤則眤然濁而始形矣。」（《新書・道德說》）經過「德」的滋潤形成混濁之態，才有形體的雛形，始成萬物，故「德」是道化生萬物的變化狀態。而德的凝聚畜生不能離道之本體，因此「生以德為本，德以道為本」，此道與德的關係，賈誼比喻為水與冰的關係，曰：

德者，變及物理之所出也，未變者道之頌也。道冰而為德，神載於德。德者，道之澤也。道雖神必載於德，而頌乃有所因，以發動變化而為變。變及諸生之理，皆道之化也。（《新書・道德說》）

水凝聚為冰，水與冰同質性，只是形態不同而已。如同道與德，道是虛而無

形的本體，德是道變化的開端，是虛與實，有與無的結合，構成萬物的初形，即賈誼所謂「道德造物」。

德在創生萬物的過程中，又將道內化於萬物中，成為萬物的質性。而作為萬物的質性，有所謂的「六理」，賈誼曰：

> 德有六理。何謂六理？道、德、性、神、明、命。此六者德之理也。
>
> 六理無不生也，已生而六神存乎所生之內。(《新書·六術》)

德指事物的性質來說，包含六種屬性，其中又有德。

賈誼曰：

> 六理所以為變而生也，所生有理，然則物得潤以生，故謂潤德。(《新書·道德說》)

「六理」即事物創生過程中，德內涵於萬物中的六種屬性，即徐復觀言「統體言之稱為德，條理言之則稱為理。此處之理與德，是等同的。道凝聚分化而為德，德中仍有道。德可條理為六理，六理中仍有德。」〔註11〕也就是六理體現道於一切事物中，成為一切事物的準則與法度。

賈誼又曰：

> 六理無不生也，已生而六理存乎所生之內。是以陰陽、天地、人，
>
> 盡以六理為內度。內度成業，故謂之六法。六法藏內，變流而外遂，
>
> 外遂六術，故謂之六行。(《新書·六術》)

道德生化萬物，在萬物創生的過程中，萬物據德之六理，而成其內在之質性，並為事物之內在法度，故又稱六理為「六法」(道、德、性、神、明、命)，而內度之「六法」，隨著事物的變化而應於外，故又稱為「六術」(仁、義、禮、智、信、樂)，此「六術」為具體外在的行為根據，故又稱為「六行」(仁、義、禮、智、信、樂)。

賈誼以道為宇宙萬物之本體，而發於外則為德。當道與德化生的萬物歷程，充實地將道與德落實於事物中，成為現實接物之法則。

三、性論

(一)「性」是神氣之會——萬物之共性

賈誼曰：

> 性者，道德造物，物有形而道德之神專而為一氣，明其潤益厚矣。

〔註11〕徐復觀《兩漢思想史·卷二》(臺灣，學生書局，1989.9) 頁159。

濁而膠相連在物之中，為物莫生，氣皆集焉，故謂之性。性，神氣
之所會也，性立則神氣曉曉然發而通行於外矣。與外物之感相應，
故曰潤厚而膠謂之性。性生氣，通之以曉。(《新書‧道德說》)

性是道德造物的過程中，道德之神與氣相會，成潤厚而膠於物體的狀態，即
在物形完成前的似形非形的過程狀態。性有神氣，才能構成物的完整個體，
也才能與其他外物相應。

　　賈誼以道德創生萬物的過程中，將道與德內化於萬物中，成為萬物的道、
德、性、神、明、命等六理，而「德之有六理，理離狀也。」(《新書‧道德
說》) 即為六種內在質性，此六種質性在物的創生過程逐步完成。道是虛而無
形的本體；德是道變化的開端；性是結合神與氣相會的狀態；而「神者，道德
神氣發於性也。康若濼流，不可以物效也，變化無所不為，物理及諸變之起，
皆神之所化也。」(《新書‧道德說》) 是物的感通變化活動；而「明者，神氣
在內，則無光而為知，明則有輝於外矣。外內通一，則為得失，事理是非皆職
於知，故曰光輝謂之明。」(《新書‧道德說》) 是認識事物的作用；而「命者，
物皆得道德之施以生，則澤潤性氣神明，及形體之位分、數度，各有極量指
奏矣。……命者，不得毋生，生則有形，形而道德性神明因載於物形，故礕堅
謂之命。命生形，通之以定。」(《新書‧道德說》) 是已物成形的階段，也就
是物萬物創生的完成，無論是主觀、客觀的條件已達到固定不移的性格。

　　萬物創生的過程中，「性」是氣與神相會的完成階段，神、明、命是性成
後，展現的過程與屬性。故從性 (神氣之所會) 開始，神 (道德神氣發於性)、
明 (神氣在內，則無光而為知，明則有輝於外) 到命 (物皆得道德之施以生，
則澤潤性氣神明，及形體之位分、數度，各有極量指奏)，一方面內具道德而
造就物的精神層面，一方面具有氣構成形體的物質層面，形成萬物的完整生
命體。性是神 (精神層面) 氣 (物質層面) 結合最初點。當「神」、「明」結合
完成「性」時，也內具成為「性」的特質，故神、明、命當是「性」完成後的
道德所展現的不同特性。

　　在道德創生萬物的過程成中，「氣」是另一構成要素。賈誼〈鵬鳥賦〉曰：

萬物變化兮，固無休息。斡流而遷兮，或推而還。形氣轉續兮，變
化而嬗。……且夫天地為爐兮，造化為工；陰陽為炭兮，萬物為銅。
合散消息兮，安有常則？千變萬化兮，未始有極，忽然為人兮，何
足控摶；化為異物兮，又何足患！

認為萬物是陰陽二氣變化而成。事物的變化，甚至人的生死是「形氣轉續」的結果。因此，氣是形體的要素。〔註12〕萬物生成的過程中，進行到「性」的階段，氣方始凝集，其始成似形非形，成濁膠狀態，故賈誼曰：「潤厚而膠謂之性。」而賈誼曰：「性生氣，通之以曉。」非指氣由性而生，當言性立氣具之義，如宋程明道曰：「性即氣，氣即性。」〔註13〕性、氣不可須臾離。因萬物皆由氣所構成，因同氣可以通之以曉，即後來的王充認為人與物皆由氣（元氣）所構成，故可相感，〔註14〕所持之論的發端。〔註15〕

　　而另一構成性的要素，是得自於道德之神，因此，神是內具道德為本質之謂，因其虛靜湧流，若濼水源源奔湧不絕，且變化無所不為，故曰神。

　　在「性」階段，具有的道德之神、氣的總體，就是萬物之共性，沒有分別人之性與物之性的分別，也沒有歸類「性」的價值意義。故就賈誼萬物生成過程來看，至「性」完成階段，萬物之性尚無分別，也無善惡之分。人性與物性的分殊，當於「命生形，通之以定」之「命」成階段，如蒙培元言命是人的內在的本性，潛能和生命的極限。即人之主體性的完成。〔註16〕

（二）「命」生物形——人性成

　　賈誼曰：

〔註12〕　徐復觀《兩漢思想史·卷二》（臺灣：學生書局，1989.9）頁166，曰：「或者賈生所說的氣，指的是精氣或精。這便容易了解了。因為認氣中有所謂經氣或精簡稱為精，是生命中所凝聚的道。」徐復觀有此認為可能忽略了賈誼於〈鵬鳥賦〉中所呈現對氣的看法。

〔註13〕　宋程明道《二程集·遺書卷第一》（臺北：漢京文化事業有限公司，1983.9）

〔註14〕　王充《論衡·亂龍》：「氣性異殊，不能相感動也。」認為若氣性不同，則無法相感通。人與物皆由「元氣」所構成，故可相感。

〔註15〕　徐復觀《兩漢思想史·卷二》（臺灣：學生書局，1989.9）頁166，曰：「性是道德凝聚於人體之內，而為神與氣之所會，此在孟子莊子，則稱之為心。」與姜國柱《論人·人性》（河北：海洋出版社，1988.7）頁49，曰：「性是神氣之所會。……因為『道德造物』，……有了人性之立，在人體內則有神與氣，由於人體『曉曉然』之心，心與外物相接觸而發生感應。」二人認為相感是起於人心的作用。二人將「性」立在「人之性」的層面上來說，並認為心是由性產生的，與本論文觀點不同。有關賈誼「心」的觀點，見下單元「心論」中有所論述。

〔註16〕　蒙培元《中國心性論》（臺北：台灣學生書局，1986.4）頁147，曰：「賈誼……因此『命』這一範疇已不具有同孔孟儒家完全相同的意義，他成了道德性命和生命的凝聚物，具有量或極限的意義，就是說，人的內在的本性，潛能和生命的極限，在形成之時已經被決定了，不可改變了。」

> 命者，物皆得道德之施以生，則澤潤性氣神明，及形體之位分、數
> 度，各有極量指奏矣。此皆所受其道德，非以嗜欲取捨然也。其受
> 此具也，營然有定矣，不可得辭也，故曰命。命者，不得毋生，生
> 則有形，形而道德性神明因載於物形，故譬堅謂之命。命生形，通
> 之以定。(《新書·道德說》)

萬物創生至「命」的階段，生則有形，於是各有形體而具體存在了。且萬物都
是在道德的根源上，經過性、氣、神、明的滋潤化生當中，而有位分、數度，
各有極量指奏，則各具不同的形體與特性。萬物「已生而六理存乎所生之內，
是以陰陽天地人，盡以六理為內度」(《新書·六術》)，道德化生萬物，萬物具
六理為內在之性及法度。萬物的根源相同，本具有道德內具的德性，但經過
物成定形後，物物各有本身的現實經驗的局限，本來本體的道德，「內度成業，
故謂之六法。六法藏內，變流而外遂，外遂六術，故謂之六行。」(《新書·六
術》)於現實世界中則落實為具體的六法與六行，成為人的行事價值依據與原
則，也是具體的人性，賈誼曰：

> 物所道始謂之道，所得以生謂之德。德之有也，以道為本，故曰道
> 者德之本也。德生物，又養物，則物安利矣。安利物者，仁行也。
> 仁行出於德，故曰仁者德之出也。德生理，理立則有宜適之謂義。
> 義者，理也，故曰義者德之理也。德生物，又養長之而弗離也，得
> 以安利。德之遇物也忠厚，故曰忠者德之厚也。德之忠厚也，信固
> 而不易，此德之常也，故曰信者德之固也。德生於道而有理，守理
> 則合於道，與道理密而弗離也，故能畜物養物，物莫不仰恃德，此
> 德之高，故曰密者德之高也。(《新書·道德說》)
>
> 德有六美，何謂六美？有道，有仁，有義，有忠，有信，有密，此
> 六者德之美也。道者德之本也，仁者德之出也，義者德之理也，忠
> 者德之厚也，信者德之固也，密者德之高也。(《新書·道德說》)

人在創生的過程中，具六理成為道、仁、義、忠、信、密等六美之具體人性的
表現。道、仁、義、忠、信、密分別是道德之本體，落於現象世界中表現道德
的六種美德，於人性中為六種人性特質。

賈誼認為人性擁有六種德性，尚不能確定其對人性是善或是惡看法。因
為賈誼對「人之性」的立論，是站在現實經驗的立足點來說的，而現實經驗
是有位分、數度與極量指奏，及成業，也就是如《老子》說的「難易相成，

長短相較，高下相傾，音聲相和，前後相隨。」現象界是的相對性的存在，以及《莊子‧秋水》曰：「以物觀之，自貴而相賤；以俗觀之，貴賤不在己。以差觀之，因其所大而大之，則萬物莫不大；因其所小而小之，則萬物莫不小。」現實經驗沒有超然絕對的存在。所以，當在道、仁、義、忠、信、密的德性之外，可能存在著屬於六美以外的特性，或有著不道、不仁、不義、不忠、不信、不密的相對之質。因此，只能說人具有道、仁、義、忠、信、密之本性，是得自於道德的本、出、理、厚、固、高特質而來，化為安利萬物的表現。

（三）「勢」使善惡別

賈誼在「神氣之會」與「命生物形」的本體性上，沒有確定善惡的問題，反而將人性之所以有善或惡的決定原因，歸於外在的因素，其曰：

> 彼人也，登高則望，臨深則窺，人之性，非窺且望也，勢使然也。
>
> 夫事有逐姦，勢有召禍。（《新書‧審微》）

認為人除了前面所述人有德治道德之本體的六美之本性外，亦有「登高則望，臨深則窺」之性，然非人天生有望、窺的本性，而是因高與深之勢，引發人有望或窺的作為。所以望或窺的善惡後果，因「勢」而來。賈誼以「勢」作為人性形成另外因素，與論人性善惡的根據。

賈誼曰：

> 人之情不異，面目狀貌同類，貴賤之別，非天根著於形容也。所持
>
> 以別貴賤明尊卑者，等級、勢力、衣服、號令也。（《新書‧等齊》）

人天生沒有優劣、貴賤之別。人有貴賤之分，要落於現實世俗的環境，例如：等級、勢力、衣服、號令的差異，這些因素，就是賈誼所說的「勢」，即《新書‧過秦下》曰：

> 自繆公以來，至於秦王，二十餘君，常為諸侯雄。此豈世賢哉，其
>
> 勢居然也。

勢是事物之間，客觀存在的相對關係，這種關係反映著事物的尊卑、高下、強弱等狀態。然就個人來說，此狀態也可能因為身分、名位等現實條件不同有所改變，「其勢盡又復然，殃禍之變，未知所移，長此安窮？」（《新書‧制不定》）禍福就在勢的轉移當中而變動，因為現象存在是相對性的存在。然人生存於相對比的關係之中，也就不能不依勢而動，如：

> 大抵彊者先反。……非獨性異人也，其形勢然矣。（《新書‧藩彊》）

就如荀子曰：「人之性，生而有好利焉。」人有好利的本性。賈誼則主張人有見勢而動的本性，故言「登高則望，臨深則窺，人之性。」

賈誼又認為人因勢而動，而有善惡的後果。若無勢，則無所作為，曰：

> 然而權力不足以徼幸，勢不足以行逆，故無驕心，無邪行，奉法畏令，聽從必順，長生安樂，而無上下相疑之禍。（《新書·藩傷》）

勢會引發惡行，相反地，也有形成善行，賈誼曰：

> 天子春秋鼎盛，行義未過，德澤有加焉，猶尚若此，況莫大諸侯，權勢十此者乎。（《新書·宗首》）

在春秋鼎盛時期，雖無義行，然可見德澤布民的現象，乃因勢之故。就好像《左傳·閔公二年》所載衛國為狄人所敗，出處於漕，齊桓公救而封之，並饋以車馬器服之事，當時諸侯及後人讚齊桓公之舉為「仁」。〔註17〕若齊桓公非有諸侯之勢，當無法救衛人，城楚丘封之，以成其善行。賈誼論人之性，是就現實意義來說。善惡行為的產生，決定於勢使然，也就是外在環境的因素，故賈誼主張去惡成善，是有待後天的作用。

四、心論

（一）心是道之載體

《新書·道術》曰：

> 曰：「數聞道之名矣，而未知其實也。請問道者何謂也？」對曰：「道者，所從接物也。其本者謂之虛，其末者謂之術。虛者，言其精微也，平素而無設施也。術也者，所從制物也，動靜之數也。凡此皆道也。」

道是宇宙萬物的本體，以「虛」為體，以「術」為用，能在應接事物上，可見道的體現。而應接事物是「心」的作用，因此，心是在人身可以超越現實相對性的限制，成為道的載體。〔註18〕故心是道之全然的承載者，可以是超越的本體存在，也可以是現實經驗的存在。而從心接物的方式上，可以分別展現道體與現實的存在。

〔註17〕《穀梁傳·僖公二年》：「見二年，春，王正月，城楚丘。……不與齊侯專封也。……故非天子不得專封諸侯，諸侯不得專封諸侯。雖通其仁，以義而不與也。故曰：仁不勝道。」《管子·小匡》：「狄人攻衛，衛人出旅於曹，桓公城楚丘封之，其畜以散亡，故桓公予之繫馬三百匹，天下諸侯稱仁焉。」

〔註18〕徐復觀《兩漢思想史·卷二》（臺灣：學生書局，1989.9）頁154：「道體現於人心而言，虛是體而術為用。」

　　心是「虛」，來體現道體之作用，「虛」也是心的本體面貌，《新書‧道術》
曰：

　　　　曰：「請問虛之接物，何如？」對曰：「鏡儀而居，無執不臧，美惡
　　　　畢至，各得其當。衡虛無私，平靜而處，輕重畢懸，各得其所。明
　　　　主者，南面而正，清虛而靜，令名自宣，命物自定，如鑑之應，如
　　　　衡之稱，有聲和之，有端隨之，物鞠其極，而以當施之。此虛之接
　　　　物也。」

「虛之接物」，乃指心展現道之虛靜的存在作用，心應接事物有如鏡子照物，
無執不藏，各得其當；虛無平靜，各得其所，呈現的是虛靜無私的狀態，是屬
感通自覺的認知作用。賈誼將此內外通一的認知作用稱為「明」，曰：

　　　　明者，神氣在內，則無光而為知，明則有輝於外矣。外內通一，則
　　　　為得失，事理是非皆職於知，故曰光輝謂之明。明生識，通之以知。
　　　　（《新書‧道德說》）

「明」是「知」的具體作用。「知」是通過感通於外的「明」之作用，而產生
對外物的具體認識（知識）。

　　「明」是萬物創生過程之「六理」中，處於神氣相會萬物始生，與「命」
成物形的完成階段之間，它是「知」的具體作用。而「知」是心的認知作用，
此心之認知作用，起於「神氣在內」，故在萬物的創生過程中，當「性，神氣
之所會也」，「性」產生的同時，「心」亦存在，所以賈誼說「性立則神氣曉曉
然發而通行於外矣，與外物之感相應」之故。〔註19〕只是此「性」是萬物之
同等之性，而「人之性」有待於「命」之階段始成。而賈誼以「外物之感相
應」來稱說，可見心是超越的本體，也可以是人內在之心體。當「心」存在，
其認知作用即已完成，而「知」發揮於外，即啟其作用功能，則為「明」。賈
誼將心之「明」置於「人之性」（「命」之階段）前，或許是心能超越現實經驗
的存在作用。

〔註19〕徐復觀《兩漢思想史‧卷二》（臺灣：學生書局，1989.9）頁166，曰：「性是
　　　　道德凝聚於人體之內，而為神與氣之所會，此在孟子莊子，則稱之為心。」
　　　　與姜國柱《論人‧人性》（河北：海洋出版社，1988.7）頁49，曰：「性是神
　　　　氣之所會。……因為『道德造物』，……有了人性之立，在人體內則有神與氣，
　　　　由於人體『曉曉然』之心，心與外物相接觸而發生感應。」二人認為相感是
　　　　起於人心的作用，但二人將「性」立在「人之性」上，並認為心是由性產生
　　　　的，與本論文觀點不同。

蒙培元《中國心性論》則將「明」與「神」並列說明，曰：

> 神、明主要是說明主體能動性的兩個重要範疇。神明皆生於性，但
> 神相當於主體所具有的能量或信息量，能與外物相感相通，使之發
> 生變化。……「明」這一範疇所表是的心理功能……神氣在內即是
> 心，具有認知作用，明而通於外，便能辨別事理之是非得失，故屬
> 於知之事。〔註20〕

以為神、明皆為心的認知功能，並產生於性。徐復觀也將「神」是為心的作
用，「明」是「神」的作用之一。〔註21〕賈誼在敘述「神」的特質時，曰：

> 神者，道德神氣發於性也。康若濼流，不可物效也，變化無所不為，
> 物理及諸變之起，皆神之所化也，故曰康若濼流謂之神。理生變，
> 通之以化。（《新書‧道德說》）

是無法肯定「神」是屬於心的作用。賈誼曰：「道者無形，平和而神。……道
雖神必載於德，而頌乃有所因，以發動變化而為變。變及諸生之理，皆道之
化也。」（《新書‧道德說》）神當指道德中使「萬物變化」、「形氣轉續」、「物
理諸變」的神奇不可知的特性，他不是產生於性，當為性之質。就「六理」的
萬物創生過程來說，性、神、明是道德在神氣相會後，所產生的特性。心在
「性」完成階段已具有，其表現的感通認知作用稱為「明」，也是體悟道的作
用，即「知道者謂之明」（《新書‧道術》）。

　　心之現實存在，則展現於以術接物的作用上，即《新書‧道術》曰：

> 曰：「請問術之接物何如？」對曰：「人主仁而境內和矣，……；人
> 主義而境內理矣，……；人主有禮而境內肅矣，……人主有信而境
> 內貞矣，……；人主公而境內服矣，……；人主法而境內軌矣，……。
> 術者，接物之隊。凡權重者必謹於事，令行者必謹於言，則過敗鮮
> 矣。此術之接物之道也。其為原無屈，其應變無極，故聖人尊之。
> 夫道之詳，不可勝述也。」

「術之接物」，乃指心對應現實經驗事物之方式。應對不同的事物與態勢，則
有不同的事理或作為，如人主面對不同的事件，則有仁、義、禮、信、公、法
等不同的舉措。因為現實經驗世界是相對作用的存在，有其「位分」、「數度」
與「極量指奏」，例如：等級、勢力、衣服、號令等的差異。因此，心之接應

〔註20〕蒙培元《中國心性論》（臺北：台灣學生書局，1986.4）頁146。
〔註21〕徐復觀《兩漢思想史‧卷二》（臺灣：學生書局，1989.9）頁167。

事物，則有具體現實的致用之術。而術是道之用，即心體落於現實，表現的具體的作用與原則。

（二）「志」分上下之人

賈誼曰：

> 謂門人學者：舜何人也？我何人也？夫啟耳目，載心意，從立移徙，與我同性，而舜獨有賢聖之名，明君子之實，而我曾無鄰里之聞，寬徇之智者，獨何與？然則舜偃佼而加志，我僵侵而弗省耳。（《新書・勸學》）

我與舜同性，舜何以有聖賢之名，以其偃佼而加志，能立定志向，努力達成的緣故。亦如：

> 文王志之所在，意之所欲，百姓不愛其死，不憚其勞，從之如集。
> （《新書・君道》）

文王因志於民安，欲於民樂，所以能成其聖賢之名，受人民的愛戴。故「志之所之」是價值自覺與實踐的重要決定因素，也就是分上、下之人的決定因素，《新書・脩政語下》曰：

> 聞道志而藏之，知道善而行之，上人矣。聞道而弗取藏也，知道而弗取行也，則謂之下人也。故夫行者善，則謂之賢人矣；行者惡，則謂之不肖矣。故夫言者善，則謂之智矣；言者不善，則謂之愚矣。故智愚之人有其辭矣，賢不肖之人別其行矣，上下之人等其志矣。

賈誼以行善或行惡，分賢或不肖者；以言善與言惡，來別智與愚之差。賈誼又認為聞道能立志，並實踐於外者，為上等人，而聞道而不知行的人，是屬下等人。上、下等人的最大分別，在於「志」的作用上。因為「志」是一種能促成完全的自覺、自動與內化，而進行自身改造的作用。不是一時的善言或善行的表現，是善言與善行的堅持，能確切知「道」並行「道」的人，才是上等人，也就是能言善與行善，即兼具智者與賢者之聖人，賈誼曰：

> 知道者謂之明，行道者謂之賢。且明且賢，此謂聖人。（《新書・道術》）

要成為聖人，必須要「知道」與「行道」的結合，即能有自覺內省的認知作用，與對道的堅持行動力，也就是「志」的貫徹。所以，賈誼雖然以「勢」作為人性善惡的外在條件，但將內在潛藏的條件，化為真正為善的決定因素，是「志」的作用。

（三）心未濫而諭教

賈誼雖強調心之主體能動力的重要性，也注重外在條件的影響作用，故其曰：「習與智長，……化與心成。」（《新書・保傅》）主張利用後天外在的學習來改變心智的發展，而達到為善的目的。而賈誼認為教育是後天的學習的有效方式，其曰：

> 夫胡越之人，生而同聲，嗜慾不異，及其長而成俗也，累數譯而不
> 能相通，行有雖死而不相為者，則教習然也。（《新書・保傅》）

教育有潛移默化的功能。且主張孩提之時，「心未濫而先諭教，則化易成也。」（《新書・保傅》）心靈未受外界感染，心意尚未失當之前，就行以教化，則易收到良好的效果。所以，賈誼對早期教育，甚至溯至胎兒時期，主張胎教，認為懷孕婦女時要「立而不跛，坐而不差，笑而不諠，獨處不倨，雖怒不罵」（《新書・胎教》），孩子出生後，要「仁者養之，孝者繈之，四賢傍之」，為孩子創造「左右前後皆正人也。習與正人居之不能無正也」（《新書・保傅》）的教育環境。〔註22〕

賈誼倡導諭教的思想時，還特別提出禮教的重要性，曰：

> 道德仁義，非禮不成；教訓正俗，非禮不備；分爭辨訟，非禮不決；
> 君臣上下父子兄弟，非禮不定；宦學事師，非禮不親；班朝治軍，
> 蒞官行法，非禮威嚴不行；禱祠祭祀，供給鬼神，非禮不誠不莊。
> 是以君子恭敬撙節退讓以明禮。（《新書・禮》）

不管是政治、社會、教育、軍事、經濟、祭祀，無禮則無法真確的推展。因現實經驗世界各有名分、關係，而「尊卑大小，彊弱有位，禮之數也。」（《新書・禮》）禮以「明分」，承認各類事物與關係的合理存在，以建立相對的倫理關係，賈誼曰：

> 禮，天子適諸侯之宮，諸侯不敢自阼階，阼階者，主之階也。天子
> 適諸侯，諸侯不敢有宮，不敢為主人禮也。君仁臣忠，父慈子孝，
> 兄愛弟敬，夫和妻柔，姑慈婦聽，禮之至也。君仁則不屬，臣忠則
> 不貳，父慈則教，子孝則協，兄愛則友，弟敬則順。夫和則義，妻

〔註22〕賈誼的胎教觀點，主要是對太子而言，曰：「周妃后妊成王於身，立而不跛，坐而不差，笑而不諠，獨處不倨，雖怒不罵，胎教之謂也。成王生，仁者養之，孝者繈之，四賢傍之。成王有知，而選太公為師，周公為傅，前有與計，而後有與慮也。」（《新書・胎教》）然也是賈誼早期教育的思想論點。

柔則正，姑慈則從，婦聽則婉，禮之質也。(《新書·禮》)
禮能人與人，或人與物之間，建立合理關係，並讓人在合理的範圍內盡義務與使用權力。賈誼通過禮有效地將道德落實於生活，使「無縣愆之心，無苟得之志。」(《新書·瑰瑋》)「貴絕惡於未萌，而起教於微眇，使民日遷善遠罪而不自知也。」(《漢書·賈誼傳》)達到教化的目的。

賈誼又曰：「道者，教之本也，有道然後教也。」(《新書·大政下》)教育以道為根本。道是宇宙萬物的根源，雖無形，卻能載物，雖不是具體事物，卻是普遍天地之中，通達萬物於一體。而教育是道落於現實的經驗法，即「夫開於道術，知義之指，則教之功也。」(《新書·保傅》)能使人事物居得其所，行得其宜，是是體現道的有為法（術）。

五、繼承與轉發

賈誼之思想以儒、道為基礎，融會百家之學而發展，故後人或歸雜家之列，或當屬儒家者流者，或可歸黃老之學範圍。先秦各家思想，有其著重範疇的發展，就如《呂氏春秋·孟春紀·貴公》所說：「荊人有遺弓者，而不肯索，曰：『荊人遺之，荊人得之，又何索焉？』孔子聞之曰：『去其「荊」而可矣。』老聃聞之曰：『去其「人」而可矣。』故老聃則至公矣。」儒家關心人文世界，強調仁義禮智的人為修養；道家則站在自然的角度，注重自然無為的體道修養；法家以利國為目標，主張富國強兵。賈誼則融貫各家思想，然其思想的基本架構，是以道家劃分超出有形物之抽象精神層面與有形具體的現象界為圖式。吸收道家之「道」，作為其宇宙萬物之根源，完成其宇宙論與本體論。而參合儒家之仁義道德與法家之術，建立其現實經驗法則。賈誼會整儒、法、道之思想，並且在不同哲學範圍中肯定它們學說。賈誼之心性論即在此系統中產生。

賈誼以道、德、性、神、明、命之六理，為萬物創生之過程，在未完成形物（命）之前的心性，是道家所謂虛靜為無之心性，是萬物與我同一之心性。而形體完成後，落於現象世界，則存在著相對關係，則有道、仁、義、忠、信、密等六美之人性。人之性根源於於道，但落於形下相對性的經驗中，則無法全然呈現道的面貌。又因為現實的相對作用，往往會因「勢」利導，故有善惡的結果。

賈誼所謂的心，乃繼承道家所謂的心體，是超越的本體，亦是經驗的存

在。因此，心可以有超越現實之接物作用，也有經驗相對接物之作用。前者乃繼承老子所謂「知常曰明」之感通體道作用。而後者則吸收孔子所謂「以志說學而習相遠」，強調心的主體能動作用，並注重後天的學習。因此，賈誼承襲道家與儒家的觀點，在理想人格的要求上，是「且明且賢，此謂聖人。」須齊備自覺內省的虛靜認知作用，與現實中行道之能力。

　　所以，當賈誼融合儒、道、法三家思想的時候，其實是將儒家與法家套入道家形上與形下的思維模式中。儒、法二家所論的仁義禮智與法術之道，是屬於道家形下的範疇。然賈誼與道家不同的是，道家否定一切現象經驗的事物，故其人生哲學以回歸道的境界，則主張反樸歸真、齊物我。而賈誼則肯定現實經驗的存在，強調道德仁義與法術之道對現實經驗的重要性。

第二節　陸賈之心性論

一、陸賈生平

　　陸賈（約西元前 240～前 170）之生平事蹟，古籍記載不多，《史記》與《漢書》所載，多是陸賈在劉邦取得天下之後，為建立和鞏固漢王朝的作為。有關陸賈的著作，《漢書・藝文志》載有《楚漢春秋》九篇、陸賈二十三篇與《賦》三篇，今僅存《楚漢春秋》輯文與《新語》十二篇。清代人唐晏以陸賈為荀卿弟子。〔註23〕《史記・酈生陸賈列傳・索隱》引《陳留風俗傳》曰：

　　　　陸氏，春秋時陸渾國之後。晉侯伐之，故陸渾子奔楚。賈其後。

又引《陸氏譜》曰：

　　　　齊宣公支子達食菜於陸。達生發，發生皋，適楚。賈其孫也。

陸賈的政治活動主要在漢高祖劉邦至漢文帝初年之間。《史記・酈生陸賈列傳》記載他幾件重要事蹟，首先，兩次出使南越，平定邊疆，曰：

　　　　及高祖時，中國初定，尉他平南越，因王之。高祖使陸賈賜尉他印
　　　　為南越王。……。賜陸生橐中裝直千金，他送亦千金。陸生卒拜尉
　　　　他為南越王，令稱臣奉漢約。歸報，高祖大悅，拜賈為太中大夫。……
　　　　孝文帝即位，欲使人之南越。陳丞相等乃言陸生為太中大夫，往使
　　　　尉他，令尉他去黃屋稱制，令比諸侯，皆如意旨。

〔註23〕資料來自王利器《新語校注》（北京：中華書局，1986.5）頁 223，唐晏曰：
　　　　「或者謂陸生為荀卿弟子。」

又為誅諸呂積極籌畫奔走，曰：

> 呂太后時，王諸呂，諸呂擅權，欲劫少主，危劉氏。……陳平用其
> 計，乃以五百金為絳侯壽，厚具樂飲；太尉亦報如之。此兩人深相
> 結，則呂氏謀益衰。陳平乃以奴婢百人，車馬五十乘，錢五百萬，
> 遺陸生為飲食費。陸生以此遊漢廷公卿間，名聲藉甚。

又曰：

> 陸生時時前說稱《詩》《書》。高帝罵之曰：「乃公居馬上而得之，安
> 事詩書！」陸生曰：「居馬上得之，寧可以馬上治之乎？且湯武逆取
> 而以順守之，文武并用，長久之術也。昔者吳王夫差、智伯極武而
> 亡；秦任刑法不變，卒滅趙氏。鄉使秦已并天下，行仁義，法先聖，
> 陛下安得而有之？」高帝不懌而有慚色，乃謂陸生曰：「試為我著秦
> 所以失天下，吾所以得之者何，及古成敗之國。」陸生乃粗述存亡
> 之徵，凡著十二篇。每奏一篇，高帝未嘗不稱善，左右呼萬歲，號
> 其書曰「新語」。

陸賈不顧高祖不喜儒學，時時稱《詩》《書》，作《新語》以陳述自己的治國觀
點。

陸賈一生只做過「太中大夫」一職，其所建立的功績，與仕途似乎得不
到平衡。然觀劉邦身邊的許多的功臣，有封王封侯、仕途亨通者，多不得善
終，而陸賈能保全自身，實有其智慧與人生態度。明代范欽（西元 1506～1585），
稱陸賈為「異人」：

> 陸生，漢初異人也。其人何以異？而稽其言與行，人異甚矣。方漢
> 祖龍興於沛上，若蕭、曹以刀筆，張、陳以智謀，勃、嬰以繒販，
> 布、膾以屠鯨，凡有一技一能者，靡不各逞所長，以赴攀龍附鳳之
> 會，而竟得名垂竹帛，動列鼎彝，何偉偉也。斯時也，陸生安在哉？
> 淵潛豹隱，相時而出，不驅馳于草昧匡力襄力之時，而乃仗齒頰于
> 泰定康靖之日，馬上得之治之之一語，足開卯金刀溺冠之顒蒙，故
> 特命一一錄奏，輒以《新語》目之，其語異也，而非異人能之乎？
> 此語其語也。若出使南越，和諧將相，戮呂氏，定漢鼎之數百年，
> 如太山磐石，而不動聲色，行更何異也？此足知蕭、曹、張、陳輩，
> 均當在其下風矣。〔註24〕

〔註24〕見明代范欽在天一閣刻本《新語・序》。

將陸賈與當時的儒者相較，其事功可在他們之上。陸賈能堅持儒家思想，不趨功利，悠遊不迫於當時的政治生活中，而盡得天年，實屬難得。

清嚴可均（西元 1762～1843）曰：「子書《新語》最純最早，貴仁義，賤刑威，述《詩》、《書》、《春秋》、《論語》，紹孟荀而開賈董，卓然儒者之言。」〔註25〕。唐晏稱「漢代重儒，開自陸生也。」〔註26〕陸賈在學術上有承先啟後之功。班固《漢書·藝文志》載陸賈曾著《楚漢春秋》九篇，並於〈司馬遷傳〉中說：「及孔子因魯史記而作《春秋》，而左丘明記輯其本事以為之傳，又纂異同為《國語》。又有《世本》，錄黃帝以來至春秋時帝王公侯卿大夫祖世所出。春秋之後，七國並爭，秦兼諸侯，有《戰國策》。漢興伐秦定天下，有《楚漢春秋》。」將《楚漢春秋》與《春秋》、《國語》、《世本》、《戰國策》等量齊觀。而《文心雕龍·詮賦篇》稱：「秦世不文，頗有雜賦，漢初詞人，順流而作，陸賈扣其端，賈誼振其緒。」劉師培曰：「騁辭之賦，陸賈以下二十一家是也。」〔註27〕是漢賦的開創者。陸賈在哲學、史學、文學上皆有重要的貢獻。

二、心性論之根源——道

陸賈對心性的論述不多，然探究《新語》的內容，還是可以梳理出陸賈的心性觀點。《新語·道基》曰：「原情立本，以緒人倫，宗諸天地，纂修篇章，垂諸來世，被諸鳥獸，以匡衰亂，天人合策，原道悉備，智者達其心。」認為道存在於天地萬物之中，並與人之情性相接，而智者之心能通達於道。又王充《論衡·本性》引陸賈曰：「天地生人也，以禮義之性。人能察己所以受命則順，順之謂道。」人之本性因道，而有禮義之性。故陸賈以「道」作為其心性的根源。

陸賈《新語》首篇〈道基〉開宗明義曰：

傳曰：「天生萬物，以地養之，聖人成之。」功德參合，而道術生焉。

以「道」作為萬物的基礎，似道家以「道」作為萬物的根源。其實，老子曰：「道生一，一生二，二生三，三生萬物。萬物負陰而抱陽，沖氣以為和。」此道是宇宙萬物的本源，具有本體的意義。而陸賈只強調「道近不必出於久遠，

〔註25〕（清）嚴可均輯《全上古三代秦漢三國六朝文·新語·序》（北京：中華書局，1958）

〔註26〕引自王利器《新語校注》（北京：中華書局，1986.5）頁 223。

〔註27〕劉師培《劉師培中古文學論集》（北京：中國社會科學出版社，1997.6）頁 232。

取其致要而有成」(《新語‧術事》);「故物之所可,非道之所宜;道之所宜,非物之所可」(〈懷慮〉),道無所不在於現實世界之中,為人事的法則。又曰「在天者可見,在地者可量,在物者可紀,在人者可相。」(〈道基〉)與「立事者不離道德,調弦者不失宮商,天道調四時,人道治五常,周公與堯、舜合符瑞,二世與桀、紂同禍殃。」(〈術事〉)道分天道、地道、人道,人能參天地之道,法天地而行,與其「天人合策」的觀點相配合。又陸賈曰:「於是先聖乃仰觀天文,俯察地理,圖畫乾坤,以定人道,民始開悟,知有父子之親,君臣之義,夫婦之別,長幼之序。於是百官立,王道乃生。」(〈道基〉)認為人道是先聖對天道的體認,而制定的法則。所以,陸賈所謂的道,當受《周易‧繫辭下》:「古者包犧氏之王天下也,仰則觀象於天,俯則觀法於地,觀鳥獸之文,與地之宜……以類萬物之情。」及「《易》之為書也,廣大悉備。有天道焉,有人道焉,有地道焉。」的影響,指天地人的屬性與規律。並且「因是之道,寄之天地之間,豈非古之所謂得道者哉。」(〈慎微〉)道無不在天地一切事物之間,即「道無廢而不興,器無毀而不治。」(〈慎微〉)陸賈以老子「道」、「器」的概念,來說明道於具體現象的無所不在,也就是後來宋程顥:「形而上為道,形而下為器,須著如此說。器亦道,道亦器。」〔註28〕道器不相離的概念。

　　陸賈曰:「仁者道之紀,義者聖之學。」(〈道基〉)道以仁為綱要,故仁是道的必要性。又曰:「夫謀事不並仁義者後必敗,殖不固本而立高基者後必崩。」(〈道基〉)人不能離仁義謀事應物,且要鞏固根本而建立雄厚的基礎,即「道基」的涵義。因此,陸賈以仁義作為道的內涵。如陸賈曰:

> 骨肉以仁親,夫婦以義合,朋友以義信,君臣以義序,百官以義承,曾、閔以仁成大孝,伯姬以義建至貞,守國者以仁堅固,佐君者以義不傾,君以仁治,臣以義平,鄉黨以仁恂恂,朝廷以義便便,美女以貞顯其行,烈士以義彰其名,陽氣以仁生,陰節以義降,鹿鳴以仁求其群,關雎以義鳴其雄,春秋以仁義貶絕,詩以仁義存亡,干、坤以仁和合,八卦以義相承,書以仁敘九族,君臣以義制忠,禮以仁盡節,樂以禮升降。(〈道基〉)

不管是父子、夫婦、朋友、君臣,與鄉黨、朝廷、動物的合諧,或是齊家、治國,以至於平天下,或是陰陽升降,即天道、地道、人道,皆以仁義為依據。

〔註28〕宋程顥、程頤《二程集‧遺書‧卷第一》(臺北:漢京文化事業有限公司,1983.9)頁4。

仁義是道的基礎與內涵。此陸賈表現是站在儒家的立場來說。

陸賈曰：

> 道莫大於無為，行莫大於謹敬。何以言之？昔舜治天下也，彈五弦
> 之琴，歌南風之詩，寂若無治國之意，漠若無憂天下之心，然而天
> 下大治。周公制作禮樂，郊天地，望山川，師旅不設，刑格法懸，
> 而四海之內，奉供來臻，越裳之君，重譯來朝。故無為者乃有為也。
>
> （《新語‧無為》）

陸賈似乎在道之上，立了一個「無為」的指導者。其實，陸賈言「道莫大於無
為，行莫大於謹敬」乃說明天、人的職分及關係的問題，不是道之上還有一
個「無為」的存在。陸賈繼承發揮《易傳》天地人相參的觀念，並認為天是
「張日月，列星辰，序四時，調陰陽，布氣治性，次置五行，春生夏長，秋收
冬藏，陽生雷電，陰成霜雪，養育群生，一茂一亡，潤之以風雨，曝之以日
光，溫之以節氣，降之以殞霜，位之以眾星」（〈道基〉）的自然天，而天下萬
物無不在天道的規律下而動，然人不見其作為。而人當發揮主體的能動力，
「能統物通變，治情性，顯仁義也。」（〈道基〉）而「舜不易日月而興，桀、
紂不易星辰而亡，天道不改而人道易也。」（〈明誡〉）天道不改，國家興衰，
人事變化，都在於人為，所以，人要謹敬行事以合天道，即陸賈「天人合策」
的思想。陸賈主張以人的能動性來合天道外，也強調應該做到有為的最好效
果，如「秦始皇設刑罰，為車裂之誅，以斂姦邪，築長城於戎境，以備胡、
越，征大吞小，威震天下，將帥橫行，以服外國，蒙恬討亂於外，李斯治法於
內，事逾煩天下逾亂，法逾滋而天下逾熾，兵馬益設而敵人逾多。」（〈無為〉）
還不如舜無憂下之心，而天下大治；周公制作禮樂，而四海之內，奉供來臻，
重譯來朝，也是無為而有為的表現。

三、心性論

（一）情性皆為善

王充《論衡‧本性》提到陸賈以禮義為性，曰：

> 陸賈曰：「天地生人也，以禮義之性。人能察己所以受命則順，順之
> 謂道。」夫陸賈知人禮義為性，人亦能察所以受命。性善者，不待
> 察而自善；性惡者，雖能察之，猶背禮畔義，義把於善不能為也。
> 故貪者能言廉，亂者能言治。盜蹠非人之竊也，莊蹻人之濫也，明

能察己，口能論賢，性惡不為，何益於善？陸賈之言未能得實。

陸賈以人受禮義之性，能察所受之性，則順性而行。而王充認為實際上，善者不待察能自覺為善，而惡者雖知善而不為，故以為陸賈主張人能察而行，是與事實不符。雖王充認為陸賈的性善說，欠周詳，然還是承認陸賈以禮義之性的說法。

《漢書・陸賈傳》曾載陸賈在出使南越時對趙佗說：「足下中國人，親戚昆弟墳墓在真定，今足下反天性，棄冠帶，欲以區區之越與天子抗衡為敵國，禍且及身矣。」「冠帶」代表禮制，「棄冠帶」表違反禮義之義。而陸賈以「棄冠帶」是「反天性」的看法，表明陸賈是如王充所說，以禮義為人之本性。

而「天地生人也，以禮義之性。人能察己所以受命則順，順之謂道」，人能知禮義之本性，並能順性而行，即行道。故人性與道相合，而「仁者道之紀，義者聖之學」，道的內涵是仁與義，因此，人之行為不需只局限於禮、義之表現，當是「治以道德為上，行以仁義為本」（〈本行〉），實踐善的道德本質。

陸賈以性為善外，又說：

> 原情立本，以緒人倫，宗諸天地，纂修篇章，垂諸來世，被諸鳥獸，
> 以匡衰亂，天人合策，原道悉備，智者達其心。（《新語・道基》）

「原情立本」乃根於天地，合於人道，並與天道相合，因此，陸賈並以「情」符合仁義之道，情亦善。而陸賈主張「原情立本」以合道，可知人之情性本來是善的，然容易放失而惡，惟智者才能達於合道之情性。

（二）惑於利而為惡

陸賈曰：

> 世俗以為自古而傳之者為重，以今之作者為輕，淡於所見，甘於所聞，惑於外貌，失於中情。聖人不貴寡，而世人賤眾，五穀養性，而棄之於地，珠玉無用，而寶之於身。聖人不用珠玉而寶其身，故舜棄黃金於嶄巖之山，捐珠玉於五湖之淵，將以杜淫邪之欲，絕琦瑋之情。（《新語・術事》）

人之情性本為善，然受外在的惑誘，而有淫邪之欲、琦瑋之情，失了中情、善性，而「君子以義相褒，小人以利相欺，愚者以力相亂，賢者以義相治」（《新語・道基》），與君子、賢者相離，則淪為小人、愚者之流。陸賈曰：「利絕而道著。」（〈懷慮〉）所以，利是造成仁義之道不彰的主要原因，也就是使人之情性成惡的外在因素。

（三）治情性顯仁義

人之情性因惑於利失仁義而為惡，陸賈主張當「治情性，顯仁義」，曰：

> 盡情為器。故曰，聖人成之。所以能統物通變，治情性，顯仁義也。
> （《新語·道基》）

陸賈並認為於現實生活日用（器）之中，通達事物的道理，以去情性之惡，而彰顯情性之仁義本質。而此「治情性，顯仁義」的工夫，陸賈提出幾項要點：

1. 心向志行

陸賈曰：

> 夫目不能別黑白，耳不能別清濁，口不能言善惡，則所謂不能也。
> 故設道者易見曉，所以通凡人之心，而達不能之行。（《新語·慎微》）

認為心具有知「道」的功能，所以，「人能察己所以受命則順」，是因心「能察」的作用。故陸賈認為心志的著力處，是決定人是否為善或為惡的原因，曰：

> 故善者必有所主而至，惡者必有所因而來。夫善惡不空作，禍福不濫生，唯心之所向，志之所行而已矣。（《新語·思務》）

心之所向，志之所行，是善惡的主因。例如：

> 顏回一簞食，一瓢飲，在陋巷之中，人不堪其憂，回也不改其樂。禮以行之，遜以出之。蓋力學而誦詩、書，凡人所能為也；若欲移江、河，動太山，故人力所不能也。如調心在己，背惡向善，不貪於財，不苟於利，分財取寡，服事取勞，此天下易知之道，易行之事也，豈有難哉？（《新語·慎微》）

顏回在陋巷之中，一簞食，一瓢飲，不改其樂，是因其心志於道，且樂於道的原故。所以，人如果心不貪財，不苟利，則可知「道」，與行「道」。故陸賈曰：

> 凡人莫不知善之為善，惡之為惡；莫不知學問之有益於己，怠戲之無益於事也。然而為之者情欲放溢，而人不能勝其志也。（《新語·資質》）

克制情慾的放溢，有賴於心志的決定作用。

2. 正心一堅

有背惡向善的心志，還需要專一堅定，才能持之以恆，陸賈曰：

> 目以精明，耳以主聽，口以別味，鼻以聞芳，手以之持，足以之行，各受一性，不得兩兼，兩兼則心惑，二路者行窮，正心一堅，久而不忘。（《新語·懷慮》）

意念繁雜，困惑不定，則影響守志的過程，如：

蘇秦、張儀，身尊於位，名顯於世，相六國，事六君，威振山東，橫說諸侯，國異辭，人異意，欲合弱而制強，持衡而御縱，內無堅計，身無定名，功業不平，中道而廢，身死於凡人之手，為天下所笑者，乃由辭語不一，而情慾放佚故也。（《新語‧懷慮》）

故管仲相桓公，詘節事君，專心一意，身無境外之交，心無欹斜之慮，正其國如制天下，尊其君而屈諸侯，權行於海內，化流於諸夏，失道者誅，秉義者顯，舉一事而天下從，出一政而諸侯靡。故聖人執一政以繩百姓，持一概以等萬民，所以同一治而明一統也。（《新語‧懷慮》）

蘇秦、張儀因利欲、雜念困惑於心，終一事無成，成為笑柄。而管仲能專心一意，輔佐齊桓公制天下。「懷異慮者不可以立計，持兩端者不可以定威。故治外者必調內，平遠者必正近。綱維天下，勞神八極者，則憂不存於家。養氣治性，思通精神，延壽命者，則志不流於外。」（《新語‧懷慮》）心懷雜念，不能專一者，無法有長遠的計謀。所以，心志立定，必須建立堅定專一的基礎上，堅持不懈，治情性，實踐仁義之道。

第三節　韓嬰之心性論

一、韓嬰生平

　　韓嬰（約西元前 200～前 130），涿郡鄭人（今任丘市人）。《漢書‧儒林傳》記載，曾於漢文帝時任博士，漢景帝時為常山王劉舜的太傅，漢武帝時，曾與董仲舒論辯於漢武帝前，「其人精悍，處事分明，仲舒不能難也。」韓嬰治《詩》學自成一家，其「推詩人之意，而作《內外傳》數萬言，其語頗與齊、魯間殊，然歸一也」（《漢書‧儒林傳》），世稱「韓詩」，與轅固生的「齊詩」、申培的「魯詩」並稱「三家詩」。《漢書‧藝文志》載韓嬰著錄有《韓故》三十六卷、《韓詩內傳》四卷、《韓詩外傳》六卷、《韓說》四十一卷等。南宋後僅存《韓詩外傳》〔註29〕。清趙懷玉輯有《韓詩內傳》佚文，馬國翰《玉

〔註29〕《韓詩外傳》在《隋書‧經籍志》、《舊唐書‧經籍志》、《新唐書‧藝文志》、《宋史‧藝文志》與今之版本都列為十卷。楊樹達《漢書補注補證》（上海：商務印書館，1924）頁28，認為《韓詩外傳》十卷是由《外傳》六卷與《內傳》四卷結合而成。

函山房輯佚書》輯有《韓詩故》二卷、《韓詩內傳》一卷、《韓詩說》一卷。韓嬰又兼治《易》學,「以《易》授人,推《易》意而為之傳。」(《漢書‧儒林傳》)著有《周易傳韓氏三篇》,但未傳於世。

　　《韓詩外傳》一書,根據《漢書‧儒林傳》,認為是韓嬰「推詩人之意而作」,然觀其內容,主要並非解詩,而是借詩借事來傳達自己的思想主張。《漢書‧藝文志》曰:「魯申公為《詩》訓故,而齊轅固、燕韓生皆為之傳。或取《春秋》,采雜說,咸非其本義。」認為《韓詩外傳》不關詩義。《四庫全書總目》亦言:「王世貞稱『《外傳》引《詩》以證事,非引事以明《詩》』,其說至確。今《內傳》解《詩》之說已亡,則《外傳》已無關於《詩》義,徒以時代在毛萇以前,遂列為古來說《詩》之冠,使讀《詩》者開卷之初,即不見本旨,於理殊為未協。」〔註30〕而清范家相在《三家詩拾遺凡例》中說:「《韓詩外傳》雖皆引詩證事,亦時見本義。」〔註31〕《韓詩外傳》思想以崇儒尊孔及講求君子道德修養為主,〔註32〕並同時吸收道家及其他各家思想。而韓嬰生活於漢初之際,當時學術思想是從繼承戰國末期兼收並蓄、雜采眾家,走向儒學獨尊的過程。唐皮日休(834～883)曰:「韓氏之書,折百家,崇吾道,至矣!」〔註33〕金春峰曰:「韓嬰的思想可以看作儒家由漢初的政論向建立新的系統的哲學理論和意識形態的過渡。」〔註34〕而徐復觀則以《韓詩外傳》以故事為主的敘述方式,曰:「是想加強思想在現實上的功用性與通俗性,尤其是想加強對統治集團的說服力。……而劉向的《新序》、《說苑》、《列女傳》,則又是承《外傳》之風而興起的。」〔註35〕影響後來劉向著作的產生。

二、心性論之根源

　　韓嬰一方面繼承先秦所謂神秘而具有權力意志的天論,謂「人之命在天」(《韓詩外傳‧卷一》)掌握一切人事的變化。另一方面當他思索人的不可測

〔註30〕清永瑢等撰《四庫全書總目》(北京:中華書局,1965)頁135～136。
〔註31〕清范家相《三家詩拾遺》(文淵閣四庫全書影印本,臺北:臺灣商務印書館,1983)
〔註32〕《韓詩外傳》十卷298章,其中涉及孔子與其弟子者多達58章,或單獨引用孔子及其弟子的言論,或為孔子與其弟子的對話,或為孔子及其弟子與他人的言談,內容多為推崇對孔子的仁政與治學。
〔註33〕皮日休《皮子文藪‧讀〈韓詩外傳〉》(上海:上海古籍出版社,1981)
〔註34〕金春峰《漢代思想史》(北京:中國社會科學出版社,1997.12)頁112。
〔註35〕徐復觀《兩漢思想史‧卷三》(臺北:台灣學生書局1993.9)頁64。

性命、命運之時，轉向自然萬物的次序與原則來探索。所以，韓嬰對天地萬物人事的變化根源，同時存在著兩種概念。整體來說，韓嬰《韓詩外傳》是立在天人關係的基礎上，展開其天道觀、歷史觀與本體論、心性論。雖韓嬰沒有明確說明何者是心性之根源，然其天道觀，與以「道」、「德」作為宇宙的本體的觀點，則影響了他的心性論的特色。

（一）天

1. 意志天

《韓詩外傳》曰：

> 國無道，則飄風厲疾，暴雨折木，陰陽錯氛，夏寒冬溫，春熱秋榮，日月無光，星辰錯行，民多疾病，國多不祥，群生不壽，而五穀不登。(〈卷二〉)

> 百禮洽則百意遂，百意遂則陰陽調。陰陽調則寒暑均，寒暑均則三光清。三光清則風雨時，風雨時則群生寧。如是，而天道得矣。
> (〈卷五〉)

韓嬰以天為有意志、情感、目的，而且是全知全能，掌握一切自然變化和人世禍福吉凶的主宰者，故天可以「譴告」來表達它的處罰之意。當國家政治黑暗，則狂風呼嘯，暴雨折樹，陰陽錯亂，夏冷冬暖，春天炎熱，秋天花開，日月無光，疾病盛行，災異紛呈、人民早夭、五穀不收。若政治清明，則陰陽調和，寒暑均勻，風雨依時，群生安寧，天以「祥瑞」的形式予以獎勵。

韓嬰此「天人相感」的思想，不是消極、被動地接受天的安排與意志，而是引伊尹說：「妖者、禍之先，祥者、福之先。見妖而為善，則禍不至，見祥而為不善，則福不臻。」(《韓詩外傳‧卷三》) 強調人的主動性，即人的吉凶禍福，是視人自己的主觀作為，也就是，以人自身的行為實踐，是否合乎道德標準，能影響妖祥禍福的轉換。故韓嬰主張「以德配天」，曰：「湯乃齋戒靜處，夙興夜寐，吊死問疾，赦過賑窮，七日而穀亡。妖孽不見，國家其昌。」(《韓詩外傳‧卷三》) 相同地，統治者的施政，是否順應民心，是政治興亡的關鍵。在意志天與人的關係中，最終落實於人事上，表現肯定人的主體作用。

. 2. 自然天

《韓詩外傳》曰：

> 傳曰：雩而雨者何也？曰：無何也，猶不雩而雨也。星墜木鳴，國

人皆恐，何也？是天地之變，陰陽之化，物之罕至者也。怪之可也，
畏之非也。夫日月之薄蝕，怪星之黨見，風雨之不時，是無世而不
嘗有也。（〈卷二〉）

此天是指自然界來說，即自然之天，一切自然現象都是自然界運動變化產生
的，即使如星墜木鳴、日月薄蝕之罕見現象，亦是天地陰陽變化的結果。天
地萬物就在自然變化中產生，韓嬰曰：

傳曰：天地有合，則生氣有精矣，陰陽消息，則變化有時矣。時得
則治，時失則亂。故人生而不具者五：目無見，不能食，不能行，
不能言，不能施化。三月微的，而後能見；七月而生齒，而後能食；
朞年臏就，而後能行；三年腦合，而後能言；十六精通，而後能施
化。陰陽相反，陰以陽變，陽以陰變。故男、八月生齒，八歲而齔
齒，十六而精化小通。女、七月生齒，七歲而齔齒，十四而精化小
通。是故陽以陰變，陰以陽變。（《韓詩外傳・卷一》）

天地相合，陰陽二氣彼此消長，而有四時，化育萬物。萬物都在適時中生長，
如人也有一定的成長過程。

　　而韓嬰在自然天的作用中，發現了「天有四時，春夏秋冬，風雨霜露，
無非教也。」（《韓詩外傳・卷五》）天的自然無為與秩序原則，並發展出天人
之關係，曰：

天設其高，而日月成明，地設其厚，而山陵成名。上設其道，而百
事得序。（《韓詩外傳・卷五》）

夫霜雪雨露，殺生萬物者也，天無事焉，猶之貴天也。執法厭文，
治官治民者，有司也，君無事焉，猶之尊君也。（《韓詩外傳・卷五》）

傳曰：喜名者必多怨，好與者必多辱，唯滅跡於人，能隨天地自
然，為能勝理，而無愛名；名興則道不用，道行則人無位矣。夫
利為害本，而福為禍先，唯不求利者為無害，不求福者為無禍。

（《韓詩外傳・卷一》）

人當如天之自然無為而無禍害；天無為而貴，而君以無事而尊；天四時有序，
而治國方針有條不紊，以人道、政道通於天道。在自然天的意義上，韓嬰強
調天地自然對人的垂範與暗示，以及人類社會政治對天道的體悟與仿效。

（二）道與德

　　韓嬰又以道和德，作為天地萬的本源，曰：

子夏問曰:「關雎何以為國風始也?」孔子曰:「關雎至矣乎!夫關雎之人,仰則天,俯則地,幽幽冥冥,德之所藏,紛紛沸沸,道之所行,如神龍變化,斐斐文章。大哉!關雎之道也,萬物之所繫,群生之所懸命也,河洛出圖書,麟鳳翔乎郊,不由關雎之道,則關雎之事將奚由至矣哉!夫六經之策,皆歸論汲汲,蓋取之乎關雎,關雎之事大矣哉!馮馮翊翊,自東自西,自南自北,無思不服。子其勉強之,思服之,天地之間,生民之屬,王道之原,不外此矣。」

子夏喟然嘆曰:「大哉!關雎乃天地之基也。」(《韓詩外傳·卷五》)

在此,道和德是天地萬物的依據與目的,其幽幽冥冥、紛紛沸沸,沒有固定的型態,又「萬物之所繫,群生之所懸命」存於天地萬物之中,是一切自然和社會事物的內在的規律與屬性。韓嬰又曰:

道者何也?曰:「君之所道也。」(《韓詩外傳·卷五》)

德也者,包天地之大,配日月之明,立乎四時之周,臨乎陰陽之交。寒暑不能動也,四時不能化也。斂乎太陰而不濕,散乎太陽而不枯。鮮潔清明而備,嚴威毅疾而神,至精而妙乎天地之間者,德也。(《韓詩外傳·卷五》)

道即是德,德是道,二者概念是相通的。韓嬰雖從道、德的本體出發,然更關注於道、德形而下的致用,故又曰:「故禦馬有法矣,禦民有道矣。法得則馬和而歡,道得則民安而集。」(《韓詩外傳·卷二》)言國君把握道、德顯示的規律與原則,作為治理國家的方法,最後落於政教實踐上。

三、心性論

(一)心性是善

有關韓嬰心性的善惡問題,至今還在爭議中,一者,認為韓嬰是繼承孟子的性善說,如臧琳《經義雜記》曰:「斯言也即孟子性善之說也。秦漢以來,如毛公董生,皆可為見道之醇儒矣。而性善之說,則俱未能言也。琳謂孟子之後,程朱以前,知性善者,韓君一人而已。」〔註36〕二者,否認韓嬰主張性善說,如:龔鵬程曰:「與孟子性善說相去甚遠。天之所命者,在於人有順善之心;君子應體會此天命,保住這仁義順善之心。順善,是說此心乃順之而善者,韓嬰即此以言性。但這並非指性本是善,只是說性可以善、

〔註36〕引自龔鵬程《漢代思潮》(嘉義:南華大學,1999.8)頁221~222。

應該善。」〔註37〕又楊柳曰:「人性中有善的因子並不等於人性本善。……『天之所生,皆有仁義,禮智順善之心』即表明人性本善,那麼,下一句『無仁義禮智順善之心,謂之小人』就無法成立,這勢必會導致一個荒誕的推論。……因此,認為《外傳》在性善或惡的選擇中肯定了性善是不夠準確的。」〔註38〕三者,如金春峰認為韓嬰是綜合孟子的性善說與荀子的性惡論,而建立另一種人性說,曰:「在人性論方面,韓嬰的主導思想是孟子性善的思想。卷二第三十四章說:『夫人者說人也,形而為仁義,動而為法則』。這是很明確的孟子性善、『人皆有四端』的觀點。……但韓嬰同時又發揮荀子的人性觀點。……韓嬰所謂『口欲味』、『心欲佚』、『目好色』、『耳好聲』等等,正是荀子關於人性惡的觀點……和漢初所有思想家一樣,韓嬰的思想是複雜的,在人性論上沒有建立起自己的『體系』,不過,在韓嬰思想中也有調和二者以建立新的人性論的萌芽。」〔註39〕李沈陽同意金春峰的說法,並補充說:「韓嬰所處的時代對性情關係的態度正處於一個轉折時期,即,從先秦時的性情合一到性情分離,韓嬰或許要繼承孟了的性善說,但他可能沒有意識到孟了是根據以排除生理欲望為前提的『幾希』而得出人性本善的觀點,而他在論述中又把生理欲望計算在人性內容之內,導致其人性論具有調和孟、荀的色彩。」〔註40〕且認為韓嬰主張性善情惡說。〔註41〕以上看法,多著眼於韓嬰說「言天之所生,皆有仁義禮智順善之心,不知天之所以命生,則無仁義禮智順善之心,無仁義禮智順善之心,謂之小人」的一段話,若通觀韓嬰《韓詩外傳》中,有關人性的言論,其是繼承孟子性善說是肯定的。

　　《韓詩外傳·卷四》直接引《孟子》曰:「仁,人心也;義,人路也。舍其路弗由,放其心而弗求。人有雞犬放,則知求之,有放心,而不知求,其於

〔註37〕龔鵬程《漢代思潮》(嘉義:南華大學,1999.8)頁220。
〔註38〕楊柳〈《韓詩外傳》哲學思想芻議〉(《貴州大學學報·社會科學版》,2004.9,第22卷第五期)
〔註39〕金春峰《漢代思想史》(北京:中國社會科學出版社,1997.12)頁105～106。
〔註40〕李沈陽《漢代人性論研究》(華中師範大學,博士論文,2008.8)頁24～25。
〔註41〕李沈陽《漢代人性論研究》(華中師範大學,博士論文,2008.8)頁29:「韓嬰認為『人性善』,但他沒有對『性』的涵義進行界定,從他把性與情分開討論看,『人性善』的依據應該是依據排除了『情』的性,專門指天所賦予人的道德觀念,從這個角度分析,韓嬰對性情的價值判斷傾向於性善情惡,而性善情惡正是漢代官方人性論對性情評價的流行觀點,董仲舒、《孝經·援神契》等緯書以及《白虎通》等無不如此,這兩個方面顯示出生活於西漢初年的韓嬰對漢代人性論史上的影響。」

心為不若難犬哉！不知類之甚矣，悲矣！終亦必亡而已矣。故學問之道無他焉，求其放心而已。」在此，韓嬰首先明白表示認同孟子性善的說法。韓嬰又曰：

> 適情性則不過欲，不過欲則養性知足。四者不求於外，不假於人，
> 反諸己而存矣。(《韓詩外傳・卷二》)

知足養性，不需要假於外，只要反求自己本來所存的，即可，「本來所存的」即知足之性。故「直行情性之所安而制度，可以為天下法矣。」(《韓詩外傳・卷三》) 天下安定人之制度，都是情性直接的表現。韓嬰又曰：

> 聖人以己度人者也。以心度心，以情度情，以類度類，古今一也。
> (《韓詩外傳・卷三》)

聖人以己之心度人之心，以己之情度人之情，因「人同材鈞」(《韓詩外傳・卷四》)，聖人與我同類，聖人之心、情與我之心、情相同，故可以為度。所以，韓嬰主張性善，曰：

> 昔者，不出戶而知天下，不窺牖而見天道，非目能視乎千里之前，
> 非耳能聞乎千里之外，以己之情量之也。(《韓詩外傳・卷三》)
> 倚天理，觀人情，明終始，知得失，故興仁義，厭勢利，以持養之。
> (《韓詩外傳・卷五》)

己之情性合乎天道，不向外追求，就能知天道。故觀人之情，就能明終始之道，得失之理，而講求仁義，棄厭勢利偽詐。韓嬰「言天之所生，皆有仁義禮智順善之心」，即繼承孟子從仁義之心，而言情性為善。

（二）嗜慾厭性

韓嬰認為人之情性為善，而情除了「仁義禮智順善之心」所產生之情外，〔註42〕韓嬰又說情有六，曰：

> 人有六情：目欲視好色，耳欲聽宮商，鼻欲嗅芬香，口欲嗜甘旨，
> 其身體四肢欲安而不作，衣欲被文繡而輕暖，此六者、民之六情也，
> 失之則亂，從之則穆。(《韓詩外傳・卷五》)

目、耳、口、四肢之欲也是情的表現。此六情乃指生理、物質的需要，及好惡喜怒哀樂之心理感受，與前面之「情性」之情，皆為人生所具有，然情性是性

〔註42〕《韓詩外傳・卷四》曰：「愛由情出，謂之仁，節愛理宜，謂之義，致愛恭謹，謂之禮，文禮謂之容，禮容之美，自足以為治。」愛是情的表現，而愛可以滋生出仁、義、禮之善。

為善，〔註43〕而「六情」有可能「觸情縱欲」(《韓詩外傳・卷一》)，若「適情性則不過欲」，則能和諧，「而患生於多欲」(《韓詩外傳・卷五》)，則「使情厭性」(《韓詩外傳・卷六》) 使情棄離善性而惡，韓嬰曰：

> 脩身不可不慎也：嗜慾侈則行虧，讒毀行則害成；患生於忿怒，禍
> 起於纖微；汙辱難湔灑，敗失不復追。不深念遠慮，後悔何益！徼
> 幸者、伐性之斧也，嗜慾者、逐禍之馬也，謾誕者、趨禍之路也，
> 毀於人者、困窮之舍也。是故君子不徼幸，節嗜慾，務忠信，無毀
> 於一人，則名聲尚尊，稱為君子矣。(《韓詩外傳・卷九》)

徼幸、嗜慾是使情性變惡的因素。

（三）適情養性

韓嬰以人之心性為善，亦如孟子曰：「凡有四端於我者，知皆擴而充之矣，若火之始然、泉之始達。苟能充之，足以保四海；苟不充之，不足以事父母。」(《孟子・告子上》) 要將的善端發揚出來，韓嬰曰：

> 繭之性為絲，弗得女工燔以沸湯，抽其統理，不成為絲。卵之性為
> 雛，不得良雞覆伏孚育，積日累久，則不成為雛。夫人性善，非得
> 明王聖主扶攜，內之以道，則不成為君子。(《韓詩外傳・卷五》)

韓嬰與孟子不同的，是認為善端需要借助明王聖主的外在力量幫助，才能展現出來。在此，韓嬰較孟子缺少了主體的能動作用。

而韓嬰認為人本之情性是善的，是因為貪求與嗜欲之故而為惡，故需要「適情辟餘」(《韓詩外傳・卷三》) 以「養不害性，足以成教，而天下稱其義也」(《韓詩外傳・卷三》)，使行為合宜。韓嬰主張依賴聖王扶攜的教化上，提出禮的適情作用，曰：

> 禮者、則天地之體，因人情而為之節文者也。無禮，何以正身？無
> 師、安知禮之是也。禮然而然，是情安於禮也；師云而云，是知若
> 師也。情安禮，知若師，則是君子之道。言中倫，行中理，天下順
> 矣。(《韓詩外傳・卷五》)

〔註43〕李沈陽《漢代人性論研究》(華中師範大學，博士論文，2008.8) 頁29：「韓嬰認為『人性善』，但他沒有對『性』的涵義進行界定，從他把性與情分開討論看。」而認為韓嬰對性情的價值判斷傾向於「性善情惡」。其實，李沈陽只看到韓嬰將「六情」與性分開來的部分，沒有注意到「聖人以己度人者也。以心度心，以情度情」之「人同材鈞」性情不分的部分。

禮是節制「情」而產生，是使情合理發展的重要方法，成為維護社會秩序的重要規範。韓嬰提出禮的改善作用，乃發揮《荀子》的觀點，曰：

> 君子有辯善之度，以治氣養性，則身後彭祖；修身自強，則名配堯禹；宜於時則達，厄於窮則處，信禮者也。凡用心之術，由禮則理達，不由禮則悖亂。飲食衣服，動靜居處，由禮則知節，不由禮則墊陷生疾。容貌態度，進退移步，由禮則夷國。政無禮則不行，王事無禮則不成，國無禮則不寧，王無禮則死亡無日矣。(《韓詩外傳·卷一》)

以禮治氣養性，與禮可使日常飲食衣服，動靜居處，知節修身，即《荀子·修身》曰：「扁善之度：以治氣養生，則後彭祖；以修身自強，則配堯、禹。宜於時通，利以處窮，禮信是也。凡用血氣、志意、知慮，由禮則治通，不由禮則勃亂提僈；食飲、衣服、居處、動靜，由禮則和節，不由禮則觸陷生疾；容貌、態度、進退、趨行，由禮則雅，不由禮則夷固僻違，庸眾而野。故人無禮則不生，事無禮則不成，國家無禮則不寧。」的發揮。又韓嬰曰：

> 夫治氣養心之術：血氣剛強，則務之以調和；智慮潛深，則一之以易諒；勇毅強果，則輔之以道術；齊給便捷，則安之以靜退；卑攝貪利，則抗之以高志；容眾好散，則劫之以師友；怠慢摽棄，則慰之以禍災，愿婉端愨，則合之以禮樂。凡治氣養心之術，莫徑由禮，莫優得師，莫慎一好。好一則博，博則精，精則神，神則化，是以君子務結心乎一也。(《韓詩外傳·卷一》)

主張治氣養心，莫不由禮，亦即荀子的主張。〔註44〕韓嬰主張情欲是心性的一部分，而作合理的引導，則與孟子將欲望完全排除在善性之外有所不同。〔註45〕

〔註44〕《荀子·修身》曰：「治氣養心之術：血氣剛強，則柔之以調和；知慮漸深，則一之以易良；勇膽猛庚，則輔之以道順；齊給便利，則節之以動止；狹隘褊小，則廓之以廣大；卑溼重遲貪利，則抗之以高志；庸眾駑散，則劫之以師友；怠慢僄棄，則炤之以禍災；愚款端愨，則合之以禮樂，通之以思索。凡治氣養心之術，莫徑由禮，莫要得師，莫神一好。夫是之謂治氣養心之術也。」

〔註45〕《孟子·盡心下》曰：「口之於味也，耳之於聲也，鼻之於臭也，四肢之於安佚也，性也。有命焉，君子不謂性也。」雖認為生理欲望是人生而既有，然作為一個君子，不能將其視為人性的一部分。

第四節 《淮南子》之心性論

一、《淮南子》之成書經過與思想傾向

　　《淮南子》一書是由淮南王劉安（西元前179～前122）結集其賓客所撰。
《漢書·淮南衡山濟北王傳》曰：

> 淮南王安為人好書，鼓琴，不喜弋獵狗馬馳騁，亦欲以行陰德拊循
> 百姓，流名譽。招致賓客方術之士數千人，作為內書二十一篇，外
> 書甚眾，又有中篇八卷，言神仙黃白之術，亦二十餘萬言。

「內書二十一篇」即今之《淮南子》一書，其餘著作多已亡佚。根據高誘注
《淮南鴻烈解·敍》所載參與著書之賓客有蘇飛、李尚、左吳、田由、雷被、
毛披、伍被、晉昌等八人，另有諸儒大山、小山之徒，共講論道德，總統仁
義，並號曰「鴻烈」，〔註46〕故《淮南子》又名《淮南鴻烈》。

　　劉安與賓客撰著《淮南子》之動機，後人雖不同之臆見，〔註47〕然在其
〈要略〉有言：

> 夫作為書論者，所以紀綱道德，經緯人事，上考之天，下揆之地，
> 中通諸理，雖未能抽引玄妙之中才，繁然足以觀終始矣。總要舉凡，
> 而語不剖判純樸，靡散大宗，懼為人之惽惽然弗能知也；故多為之
> 辭，博為之說，又恐人之離本就末也。故言道而不言事，則無以與
> 世浮沉；言事而不言道，則無以與化遊息。故著二十篇，則天地之
> 理究矣，人間之事接矣，帝王之道備矣。

最高宗旨是要探究天地之理，貫通古今之人事，以提供帝王統治之道。而〈要
略〉中敘述各篇之要旨時，言及「使人知先後之禍福，動靜之利害」；「欲一言
而寤，則尊天而保真；欲再言而通，則賤物而貴身；欲參言而究，則外物而反
情」；「所以觀禍福之變，察利害之反，鑽脈得失之跡，標舉終始之壇也」，可
知其立意，亦包括為個人探求避禍求福、養生保身之道。

〔註46〕（漢）劉安撰；高誘注；劉文典集解《淮南鴻烈集解·敍》（臺北，文史哲出
　　　　版社，1992.10）

〔註47〕如蕭公權《中國政治思想史·上冊》（臺北：中國文化大學出版部印行，1970.10）
　　　　頁345：「劉安著書之用意亦再顛覆時君。」熊禮匯《新譯《淮南子》·導讀》
　　　　（臺北：三民書局，1997.2）頁8：「劉安的寫作動機，和竇太后督導劉徹（武
　　　　帝）讀黃老書而尊其術的願望是一致的。都是希望武帝能以黃老之術治身治
　　　　國。」

　　《淮南子》成書之目的要解決各種問題，其內容博大精深，舉凡政治、經濟、歷史、哲學、天文、地理、物理、化學、醫藥、軍事、神話等皆有所涉，其〈要略〉曰：

> 若劉氏之書，觀天地之象，通古今之事，權事而立制，度形而施宜，原道之心，合三王之風，以儲與扈冶。玄眇之中，精搖靡覽，棄其畛挈，斟其淑靜，以統天下，理萬物，應變化，通殊類，非循一跡之路，守一隅之指，拘繫牽連之物，而不與世推移也。故置之尋常而不塞，布之天下而不窕。

《淮南子》囊括儒、道、墨、法、陰陽各家思想，開創貫通天、地、人之理。《漢書・藝文志》將其歸屬於雜家。然全書是以老莊思想為基礎，融治各家學說，高誘注《淮南鴻烈解・敘》就說：「其旨近《老子》，淡泊無為，蹈虛守靜，出入經道。然其大較，歸之於道。」高誘也說其書之作者大多是道家者流，兼之少數的儒家人物，故《淮南子》一書主要思想傾向道家。

　　《淮南子》兼容各家思想，成就廣博的知識體系，後人為之驚嘆，也有因「漫羨無所歸心」留下惋嘆，如劉勰《文心雕龍・諸子》曰：

> 《淮南》有傾天折地之說，此踳駁之類也。是以世疾諸混同虛誕。……《淮南》泛采而文麗：斯則得百氏之華采，而辭氣之大略也。〔註48〕

讚《淮南子》有傾天折地之劃時代的理論，然因內容混雜，不免流於虛誕。而在站在文學批評的立場，劉勰不得不美其有泛采文麗之姿。

　　唐代史學家劉知幾在《史通》中評說：

> 昔漢世劉安著書，號曰《淮南子》，其書牢籠天地，博極古今，上自大公，下至商鞅。其錯綜經緯，自謂兼於數家，無遺力矣。〔註49〕

宋高似孫《子略》評論道：

> 《淮南》天下奇才也！《淮南》之奇，出於《離騷》；《淮南》之放，得於莊列；《淮南》之議論，出於不書之流；其精好者，又如《玉杯》《繁露》之書。〔註50〕

梁啟超則說：「《淮南鴻烈》為西漢道家言之淵府，其書博大而有條貫，漢

〔註48〕劉勰撰；王利器校箋《文心雕龍校箋・諸子》（臺北：明文書局，1982.1）
〔註49〕（唐）劉知幾撰；（清）浦起龍釋《史通通釋・自敘》（台北：里仁書局，1993.6）
〔註50〕宋高似孫《子略》（文淵閣四庫全書本）

人著述中第一流也。」〔註51〕胡適也說：「道家集古代思想的大成。」〔註52〕
皆肯定《淮南子》自成一家。而勞思光則有不同的看法：

> 此書各部份所敘述之思想，為許多觀念之拼湊；全書不成一系統理
> 論；且亦無一明確「自我」觀念，實未接觸老莊心靈之真象。〔註53〕

《淮南子》在不同學術領域中的，亦有其地位，如任繼愈《中國哲學發
展史》中確定其在史學上的價值，曰：

> 《淮南子》在哲學史學史上也有貢獻。荀子的《非十二子》,《解蔽》,
> 《莊子‧天下》,《呂氏春秋‧不二》, 司馬談的《論六家要旨》, 和
> 《淮南子》中的《要略》, 都對先秦的文化史做了評述, 都有很高的
> 史料和理論價值。〔註54〕

視《淮南子》與荀子、莊子,《呂氏春秋》、司馬談對先秦文化評述, 有等同的
價值。張立文曰：

> 《淮南子》所構築的宇宙生成系統, 成為中國古代宇宙論的基本框
> 架。〔註55〕

與陳鼓應曰：

> 《淮南子》在宇宙論上的突破和重大發展, 主要體現在其陰陽氣化
> 的理論上, 陰陽二氣遵循「陰施陽化」的原則, 交感和合, 反覆運
> 行, 一方面繼承老莊以來宇宙生成論, 同時也在構成說方面建立了
> 完整的規模。《淮南子》在宇宙構成說方面的發展, 使其突破原始道
> 家之宇宙論主要限於生成說的藩籬, 影響極鉅, 中國古代哲學之宇
> 宙論自此確立完整的架構。〔註56〕

皆肯定其在宇宙論的發展上, 建立完整的架構。胡奐湘〈淮南子的人體觀和
養生思想〉曰：

> 這種作法是沿著先秦開闢的人與天地相參的道理, 向前又邁出了新
> 的一步。先秦儒道奠定了天人合一的理論基礎, 但是老莊孔孟著重

〔註51〕梁啟超《中國近三百年學術史》（臺北：里仁書局，2000.5）
〔註52〕胡適《淮南王書》（臺北：台灣商務印書館，1962.9）頁27。
〔註53〕勞思光《新編中國思想史‧二》（臺北：三民書局，1985.9）頁108。
〔註54〕任繼愈《中國哲學發展史‧秦漢》（北京：人民出版社，1998.5）頁295～296。
〔註55〕張立文《中國哲學範疇發展史‧天道篇》（臺北：五南出版社，1996.7）頁146。
〔註56〕陳鼓應〈從《呂氏春秋》到《淮南子》論道家在秦漢哲學史上的地位〉（《國
　　　立臺灣大學文史哲學報》，第52期，2000.6）頁42。

> 講的是心性之學，對的身體如何與天合一，論說的比較簡單，更少
> 涉及人的生理構造……顯然，在中國古代居於支配地位的天人合一
> 論，如果繼續向深廣發展，勢必會與人體科學結合，去盡力揭示人
> 體與自然的一致和統一。而中國古代的人體構造學說，也正是在這
> 樣的思想背景之下，揭開了自己新的一頁。從這個意義上說，……
> 這些材料具有認識史的價值。〔註57〕

則從氣來論人與天的關係上，確立其對中國古代的人體構造學說的貢獻，是
在認識史上肯定其價值。李增則從修養論上論其缺失：

> 淮南王與其賓客畢竟是政治人物，其所掛念的仍是在政壇上欲大有
> 為。所以修養之目的亦在君人南面之目的上。所以畢竟不能像莊子
> 逍遙遊那樣灑脫，而達於「至人無己、神人無功、聖人無名」之境
> 界。他們還執著於立大功，成大事，揚大名，所以雖然引了許多莊
> 子的話，但畢竟不能齊物，等同一切價值觀，而至無待而逍遙。此
> 為淮南子之缺憾焉。〔註58〕

《淮南子》汲取老莊的修養論，但畢竟價值觀不同，無法體莊子逍遙之真意。

二、心性論之根源——道

《淮南子》以「道」作為思想的核心，並以其為根據，展開各種系統理
論，如宇宙論、歷史觀、政治論，心性論也是根源於「道」而發展。在《淮南
子》中，「道」主要具有以下幾種特質與作用：

（一）無所不在

《淮南子》曰：

> 往古來今謂之宙，四方上下謂之宇，道在其間，而莫知其所。(〈齊
> 俗訓〉)

> 夫道者，覆天載地，廓四方，柝八極，高不可際，深不可測，包裹
> 天地，……故植之而塞於天地，橫之而彌于四海；施之無窮，而無
> 所朝夕。舒之幎於六合，卷之不盈於一握。(〈原道訓〉)

「道」貫穿時間與空間之間，無限地充盈在天地之中，故「道之浸洽，渢淖纖

〔註57〕楊儒賓主編《中國古代思想中的氣論及身體觀·淮南子的人體觀和養生思想》
　　　　（臺北：巨流圖書公司，1993.3）頁499～500。

〔註58〕李增《《淮南子》哲學思想研究》（臺北：洪葉文化事業，1997.10）頁114。

微，無所不在。」（〈兵略訓〉）

（二）無形無象

《淮南子》曰：

> 大道無形。（〈詮言訓〉）

> 凡物有朕，唯道無朕。所以無朕者，以其無常形勢也。（〈兵略訓〉）

道的形貌是無狀無象，是抽象的存在，故不可聞，不可見，〈原道訓〉曰：

> 所謂無形者，一之謂也。所謂一者，無匹合於天下者也。……是故
> 視之不見其形，聽之不聞其聲，循之不得其身。

「道」無形，又有獨無偶，故稱為「一」，又稱「太一」〔註59〕。因「道」無形無象，不可聞見，所以，也無法具體掌握，〈兵略訓〉曰：

> 所貴道者，貴其無形也。無形則不可制迫也，不可度量也，不可巧
> 詐也，不可規慮也。

「道」是超越人之感官範圍的，故不可道，不可名，〈本經訓〉曰：

> 故道可道，非常道；名可名，非常名。著於竹帛，鏤於金石，可傳
> 於人者，其粗也。

言語、書冊是無法盡「道」的。

　　就《淮南子》對「道」的「無所不在」與「無形無象」之特性，大致繼承老子、莊子的看法。〔註60〕

（三）化生萬物

〈原道訓〉曰：

> 道者一立而萬物生。

> 夫無形者，物之大祖也。

「道」具有創生宇宙萬物的功能。在《淮南子》中，宇宙萬物有其形成過程，曰：

> 天墜未形，馮馮翼翼，洞洞灟灟，故曰太始。道始生虛霩，虛霩生
> 宇宙，宇宙生氣。氣有涯垠，清陽者薄靡而為天，重濁者凝滯而為

〔註59〕　〈詮言訓〉：「稽古太初，人生於無，形於有，有形而制於物。能反其所生，
　　　　　故未有形，謂之真人。真人者，未始分於太一者也。」
〔註60〕　《老子》說：「道可道，非常道。名可名，非常名。」與「大道氾兮，其可左
　　　　　右。」《莊子‧知北遊》說：「道不可聞，聞而非也；道不可見，見而非也；
　　　　　道不可言，言而非也。」即言道之「無所不在」。

> 　　地。清妙之合專易，重濁之凝竭難，故天先成而地後定。天地之襲
> 精為陰陽，陰陽之專精為四時，四時之散精為萬物。(〈天文訓〉)

這段話清楚描繪宇宙萬物的生成，是由「虛霩」而開展出時空，有時空而後
有氣，氣分清濁，清氣薄靡而為天，濁氣凝滯而為地，由天地生陰陽之氣，而
陰陽之氣生四時與萬物。而道在宇宙原始的虛空狀態就存在著。〈本經訓〉曰：

> 　　陰陽者，承天地之和，形萬殊之體，含氣化物，以成垺類。

氣是萬物具體成形的主要元素。而「道」是萬物變化的重要依據，〈俶真訓〉
曰：

> 　　今夫萬物之疏躍枝舉，百事之莖葉條蘖，皆本於一根，而條循千萬也。

〈原道訓〉曰：

> 　　萬物之總，皆閱一孔；百事之根，皆出一門。

萬物、百事與人所同，皆出於一門（道之門），且「道者，物之所導也。」(〈繆
稱訓〉)萬物都在道的作用中運動變化。

（四）自然虛無

　　道在生化萬物的過程中，是以自然推進的方式，沒有任何的主宰的
意識，〈原道訓〉曰：

> 　　夫太上之道，生萬物而不有，成化像而弗宰，跂行喙息，蠕飛蠕動，
> 　　待而後生，莫之知德，待之後死，莫之能怨。……是故天下之事，
> 　　不可為也，因其自然而推之。
>
> 　　脩（循）道理之數，因天地之自然，則六合不足均也。……是故春
> 　　風至則甘雨降，生育萬物，羽者嫗伏，毛者孕育，草木榮華，鳥獸
> 　　卵胎；莫見其為者，而功既成矣。……由此觀之，萬物固以自然，
> 　　聖人又何事焉？

因循萬物的本質，使其自然發展與變化。道以自然無為之姿，化生萬物，主
要其本身就具有自然無為、虛無平靜之特性，《淮南子》曰：

> 　　虛無者，道之所居也。(〈精神訓〉)
>
> 　　平者，道之素也；虛者，道之舍也。(〈詮言訓〉)
>
> 　　無為者，道之體。(〈詮言訓〉)

道以自然無為之作用態度創生萬物，人也同時稟受道之自然虛無為本性。《淮
南子》之心性論，則從道的作用與特性而發展。

三、性論

《淮南子·原道訓》曰：

　　夫性命者，與形俱出其宗。形備而性命成，性命成而好憎生矣。

《淮南子》中常有「性命」連用者。然性與命有其分別，〈繆稱訓〉曰：「性者，所受於天也；命者，所遭於時也。」「命」多指命運來說，其「理性不顯」〔註61〕。「性」受於天，人之所固有的，可以包含人生命的本然狀態、道德，與「夫人之所受於天者，耳目之於聲色也，口鼻之於芳臭也，肌膚之於寒燠，其情一也」（〈俶真訓〉）〔註62〕之根本欲求，及「人之性有侵犯則怒，怒則血充，血充則氣激，氣激則發怒，發怒則有所釋憾矣」（〈本經訓〉）之情感的自然流露，與「人之情不能無衣食」（〈主術訓〉）之生命實質的基本需求。故《淮南子》所謂的性包含本性本質之性、情感，與基本的需求、欲求，而人性的本質部分才是《淮南子》議論重點。

（一）性之本然
1. 清靜之「道性」
（1）性合於道

　　《淮南子》的性說，是以先秦老莊的自然之道性為基礎，說：「性合於道」（〈精神訓〉）性是契合於「道」。

　　《淮南子》以形而上之「道」向形而下之人施化，有其生成過程，而氣是物與人之差別所在，〈精神訓〉曰：

　　古未有天地之時，惟像無形，窈窈冥冥，芒芠漠閔，澒濛鴻洞，莫知其門。有二神混生，經天營地，孔乎莫知其所終極，滔乎莫知其所止息，於是乃別為陰陽，離為八極，剛柔相成，萬物乃形，煩氣為蟲，精氣為人。

人得品質較佳的「精氣」而為人，萬物為「煩氣」所造，故「天地以設，分而為陰陽，陽生於陰，陰生於陽。陰陽相錯，四維乃通。或死或生，萬物乃成。

〔註61〕徐復觀《兩漢思想史·卷二》（臺北：臺灣學生書局，1989.9）頁227：「後一說法（的命），則偏重在『命運』的意味上，命的理性不顯，這是當時流俗的觀點，此一觀點佔有很大的優勢。」

〔註62〕《淮南子》中的「性」有時稱為「情」，如：〈原道訓〉：「不以欲亂情。」高誘注中以「清靜之性」釋「情」；〈本經訓〉：「人之情，思慮聰明喜怒也。」高誘注：「情、性也。」

蚑行喙息，莫貴於人。」（〈天文訓〉）人是天地中最高貴者。

萬物依恃道而生，而有與道相合的質性，但《淮南子》沒有在萬物之質性上多作說明，只強調道在人身的體現，〈齊俗訓〉說：「身者，道之所託。」又說：「率性而行謂之道，得其天性謂之德。」道在人身成為人之自然天性，道是人性的形上根據。〈繆稱訓〉曰：「德者，性之所扶也。」人之性是道的體現，則性之質當具道之性，故稱「道性」。

（2）恬靜之善

「性合於道」，人之性是道的體現，人之天性與自然之大道同質，《淮南子》曰：

> 是故聖人法天順情，不拘於俗，不誘於人，以天為父，以地為母，陰陽為綱，四時為紀。天靜以清，地定以寧，萬物失之者死，法之者生。（〈精神訓〉）
>
> 所謂天者，純粹樸素，質直皓白，未始有與雜糅者也。所謂人者，偶差智故，曲巧詐偽，所以俯仰于世人而與俗交者也。故牛岐蹄而戴角，馬被髦而全足者，天也；絡馬之口，穿牛之鼻者，人也。（〈原道訓〉）

人得天、地之道，稟得道之清靜、安寧、虛無、無為、純粹樸素之性，如陳麗桂說：「人之性命秉自道與天地，先天上有得自天、地之遺傳特質。天地、道之性清靜、安寧，人之性也該是清靜、安寧。」〔註63〕亦有虛無、純粹樸素的特性。

《淮南子》也清楚說明人的天性是恬愉清靜的：

> 水之性真清，而土汨之；人性安靜，而嗜欲亂之。（〈俶真訓〉）
>
> 古之聖人，其和愉寧靜，性也。（〈俶真訓〉）
>
> 人性安靜，……夫唯易且靜，形物之性也。（〈俶真訓〉）
>
> 清靜恬愉，人之性也。（〈人間訓〉）
>
> 人之性無邪。……人性欲平。（〈齊俗訓〉）
>
> 凡人之性，樂恬而憎憫，樂佚而憎勞（〈詮言訓〉）

人性本質是清靜無為，平和恬淡，無私無欲，自足自得。

〈氾論訓〉曰：

〔註63〕陳麗桂〈淮南子論修養〉（《國立中央圖書館館刊》，第 20 卷第 1 期，1987.6）頁 49。

　　　　所謂為善者，靜而無為也；所謂為不善者，躁而多欲也。

將靜、無為界定為善的表現，則與「靜而無為」相反的「躁而多欲」為不善的
表現。因此，《淮南子》以清靜恬愉、無私無欲的人性特質，即為善質。所以
〈氾論訓〉曰：

　　　　適情辭餘，無所誘惑，循性保真，無變於己，故曰為善易。越城郭，

　　　　逾險塞，奸符節，盜管金，篡弒矯誣，非人之性也，故曰為不善難。

因為性是善的，只要循著天性，保有本來的真質，不用改變自己，則可為善。
反之，作奸犯科非人之本性。故《淮南子》的人性說是清靜無為的性善說。

2. 仁義之「倫理性」

　　《淮南子》除了認為人擁有合於道之清靜恬愉之善性外，亦以為人稟有
仁義之德性。〈泰族訓〉曰：

　　　　人之性有仁義之資。

　　有關於仁，〈泰族訓〉曰：

　　　　所謂仁者，愛人也。

〈主術訓〉曰：

　　　　遍愛群生而不愛人類，不可謂仁。仁者愛其類也。

仁是以感情為基礎，發展於人與人，或是人與社會之間的連繫與愛。《淮南子》
並且注意到了仁的實際具體表現，曰：

　　　　仁者，恩之效也。(〈齊俗訓〉)

　　　　仁者，積恩之見證也。(〈繆稱訓〉)

　　　　今夫積惠重厚，累愛襲恩，以聲華嘔符嫗掩萬民百姓，使知之欣

　　　　欣然，人樂其性者，仁也。(〈俶真訓〉)

以恩與惠來強調仁除了情感的愛之外，也應當有實際的施與。〔註64〕

　　而「義者，循理而行宜也」(〈齊俗訓〉)，即依理作合宜之事。〈齊俗訓〉曰：

　　　　義者，所以合君臣、父子、兄弟、夫妻、朋友之際也。

義是表現於人際關係中恰如其分的身分。身分是相對的關係，所以一個人同
時具有多重身分，它可以相對於君則為臣；相對於父則為子；相對於兄則為
弟，身分隨著關係的不同，會有所改變。而「義者，比於人心而合於眾適也。」
(〈繆稱訓〉)是不離人之常情，找出合適大眾原則。

〔註64〕〈主術訓〉曰：「為惠者，常布施也。」惠者在其施捨，即當人有貧困不足時
　　　　能施惠。

　　仁與義各有不同意義，然其訴求的對象都是人與人，或人與社會之間關係的對待。因此，仁與義是表現於人與人之倫理道德，作為人性的內涵，是屬於倫理關係上的特質。在《淮南子》以清靜為善性的本質外，仁與義又是另一個表現於倫理道德方面的本性。

（二）性之異化

　　人之本性是清靜恬愉的，然於現實世界中，與外物接觸，受聲色、功名、利祿之牽引，則可能喪失本真，造成本性之異化，〈原道訓〉曰：

　　　人生而靜，天之性也；感而後動，性之害也；物至而神應，知之動

　　　也；知與物接，而好憎生焉。好憎成形，而知誘於外，不能反己，

　　　而天理滅矣。

人生而靜，在意識上，人性好靜，不喜外動；在感情上，本性少私寡欲，自足自得，〔註65〕然與外物相接，受誘惑後，情感易波動，好憎之性生，則難返本來之清靜之性，形成性的異化狀況。

　　〈脩務訓〉中將合於道之性，於現實世俗生活中，可能存在的三種德性的人，一類如堯、舜、文王者，尚能保有本真之性的人，其餘兩類是屬於本性已異化者，他們有可以經過學習回復本然之性，與「不可喻以德，嚴父弗能正，賢師不能化」已徹底喪失本性的人。〔註66〕

〔註65〕牟鍾鑒《《呂氏春秋》與《淮南子》思想研究》（山東：齊魯書社，1987.9）頁221：「所謂人性靜愉，其含意有二：從意識上說，人的本性好內靜，而不喜外動，不急躁、無偏見、平和清醒乃是精神的理想狀態；從感情上說，人的本性少私寡欲，自足自得，沒有激動的情緒起伏，不沉湎於名利享樂，這是漢初道家的思想，源於《莊子》。」

〔註66〕〈脩務訓〉：「世俗廢衰，而非學者多。……且夫身正性善，發憤而成仁，帽憑而為義，性命可說，不待學問而合於道者，堯、舜、文王也；沉湎耽荒，不可教以道，不可喻以德，嚴父弗能正，賢師不能化者，丹朱、商均也。……夫上不及堯、舜，……此教訓之所諭也。」此段文字主要強調世俗中有「非學者」、「不待學問而合於道者」、「不可教以道，不可喻以道」三種學習情狀的人，對於人性的看法，也只能確定述及「合於道」之性而已，無法斷言含有「性三品」之義。而徐復觀《兩漢思想史・卷二》（臺北：臺灣學生書局，1989.9）頁228，認為：「這裏實際已將性分為上、中、下三品，教乃以中品為對象，這與董仲舒的性論非常接近，可知此乃當時儒家性論的通說。但這不是《淮南子》中性的主體，《淮南子》中性論的主體是道家。」以為《淮南子》將人性分三品，並認為《淮南子》所謂的中品，即董仲舒的中性是所謂「善惡混」的「中民之性」。根據本節「（1）性合於道」所探討的結果，《淮南子》的性是屬本然之性善，則與董仲舒的善惡相混的「中民之性」內

　　而造成本性的異化因素，可分為人之主體的內在與外物之外在兩方面來說。就內在因素言，《淮南子》認為主要是嗜欲之故，曰：

> 好憎者，心之過也；嗜欲者，性之累也。（〈原道訓〉）
>
> 水之性真清，而土汩之；人性安靜，而嗜欲亂之。（〈俶真訓〉）
>
> 嗜欲連于物，聰明誘於外，而性命失其得。（〈俶真訓〉）
>
> 人性欲平，嗜欲害之。（〈齊俗訓〉）

「夫人之所受於天者，耳目之於聲色也，口鼻之於芳臭也，肌膚之於寒燠，其情一也。」（〈俶真訓〉）人的基本生理欲求，是合理的，也是人性的一部分，但「目好色，耳好聲，口好味，接而說之，不知利害，嗜欲也。」（〈詮言訓〉）當目與色、耳與聲、口與味相接觸時，則不知利害，則會貪於其中的快樂，也就「嗜欲」了。因為「五色亂目，使目不明；五聲嘩耳，使耳不聰；五味亂口，使口爽傷；趣舍滑心，使行飛揚。此四者，天下之所養性也，然皆人累也。故曰：嗜欲者，使人之氣越；而好憎者，使人之心勞；弗疾去，則志氣日耗。」（〈精神訓〉）嗜欲會使人性沉淪，甚至遭至圄圇之罪，為害生命。〔註67〕所以《淮南子》反對身體物質性的「生生之厚」。〔註68〕故《淮南子》是肯定合理性與基本需求的欲，他貶斥的是耽於欲的過多享樂。

　　除了嗜欲是造成人性異化的主因外，智巧之心也是內在因素之一，〈本經訓〉曰：

> 懷機械巧故之心，而性失矣。

在此《淮南子》吸取道家之「絕聖棄智」的觀點，以為「智慧出，有大偽」，反對機械巧故之心。〔註69〕因「為智者務於巧詐。」（〈主術訓〉）智者與人接

涵不同。故此段敘述只能確定在世俗中有「本然之善性」，與經過學習可以回復本然之性，及不可教諭已完全喪失本性的人等三種人。〈泰族訓〉說：「故無其性，不可教訓。」故以不可教諭之丹朱、商均者視為「完全喪失本性」之徒。

〔註67〕 〈泛論訓〉：「今人所以犯圄圇之罪，而陷於刑戮之患者，由嗜欲無厭，不尋度量之故也。」

〔註68〕 〈精神訓〉：「夫人之所以不能終其壽命，而中道夭于刑戮者，何也？以其生生之厚。」

〔註69〕 《淮南子》因雜取各家思想，所以有關於智的觀點，有不同的說法，如〈原道訓〉、〈覽冥訓〉、〈道應訓〉等篇以表現道家思想為主，將智多解釋為智故、智巧、智偽。〈泰族訓〉：「智足以決疑」、「智過萬人謂之英」則表現儒家思想為主，將智多作為真知灼見之智。而〈主術訓〉：「智欲員而行欲力。」以智作智能、智力來說，為法家君主潛御臣子之術。

—93—

觸，易耍奸巧，弄陰謀，則離「樸」、「直」愈來愈遠，〈原道訓〉曰：

> 所謂人者，偶差智故，曲巧詐偽，所以俯仰于世人而與俗交者也。
> 故牛岐蹄而戴角，馬被髦而全足者，天也；絡馬之口，穿盾之牛者，
> 人也。循天者，與道遊者也；隨人者，與俗交者也。

曲巧詐偽有悖於未經雜揉的純粹樸素之道，故而有失於清靜恬愉之性。

人性異化的外物因素，第一，即〈齊俗訓〉中所言的禮俗，曰：

> 原人之性，蕪滅不得清明者，物或堁之也。羌、氐、翟，嬰兒生皆
> 同聲，及其長也，雖重象狄騠，不能通其言，教俗殊也。今三月嬰
> 兒，生而徙國，則不能知其故俗。由此觀之，衣服禮俗者，非人之
> 性也，所受於外也。

「所謂禮義者，五帝三王之法籍風俗，一世之跡也。」(〈齊俗訓〉)風俗是一
地、一時、一群人的生活習慣與方式，其規範性的表現就是禮。而「禮者，體
情制文者也。」(〈齊俗訓〉)雖禮俗本於「性」，然人性還是易受禮俗的影響。

第二，環境亦是人性失其本真的因素，〈齊俗訓〉曰：

> 夫素之質白，染之以涅則黑；縑之性黃，染之以丹則赤。人之性無
> 邪，久湛于俗則易，易而忘本，合於若性。故日月欲明，浮雲蓋之，
> 河水欲清，沙石濊之。人性欲平，嗜欲害之，惟聖人能遺物而反己。

外物環境的習染，使性失其本然。

第三，水土也會影響人性的發展，〈墜形訓〉曰：

> 暑氣多夭，寒氣多壽，穀氣多痺，丘氣多狂，衍氣多仁，陵氣多貪。
> 輕土多利，重土多遲，清水音小，濁水音大，湍水人輕，遲水人重，
> 中土多聖人。皆象其氣，皆應其類。故南方有不死之草，北方有不
> 釋之冰，東方有君子之國，西方有形殘之屍。……是故堅土人剛，弱
> 土人肥，壚土人大，沙土人細，息土人美，毛土人醜。食水者善遊能
> 寒，食土者無心而慧，食木者多力而憨，食草者善走而愚，食葉者有
> 絲而蛾，食肉者勇敢而悍，食氣者神明而壽，食穀者知慧而夭。

指出氣候、土質、水質、方位對於人之健康、氣質、性情、智愚、道德有一定
的影響作用。人性問題本來就複雜，可以包括多重屬性，《淮南子》在此提出
地理條件對人性有決定因素的看法。

（三）性之回復

人性既然是清靜恬愉，並具有仁義之質的善性，而耳目之欲與外物蒙蔽

了本然之性，非人之常態，故當拾回本來面目才對。《淮南子》提出幾項「復性」之工夫：

1. 體道反性

「道」是天地萬物的根源，萬物稟「道」而生，而「道」落實於人身上則為「性」，即「性合於道」，性則以「道」為性，而「無為者，道之宗」(〈主術訓〉)，道自然無為，人性則無為、清靜。當人受聲色之欲、好憎之情、機巧之心的牽引，喪失本來清靜無為之性，要如何「反性」？最直接的方法，即依「道」而為，也就是所謂「聖人體道反性，不化以待化，則幾於免矣。」(〈齊俗訓〉) 因為性合於道，「體道」就是「治欲者不以欲，以性」(〈齊俗訓〉)，在「性」上作工夫，即〈詮言訓〉說：「弗求於外，弗假於人，反己而得矣。」直接返回本初之性。

以體道來反性的工夫上，《淮南子》提出從具有主體能動的「心」來體現道之虛無，曰：

> 是故聖人之學也，欲以返性于初，而游心於虛也。達人之學也，欲以通性於遼廓，而覺於寂漠也。若夫俗世之學也則不然，內愁五藏，外勞耳目，乃始招蟯振繾物之毫芒，搖消掉捎仁義禮樂，暴行越智於天下，以招號名聲於世。此我所羞而不為也。(〈俶真訓〉)

游心於虛無，對外物虛寂以待，則五臟不愁，耳目不勞，能返回虛靜之本性，亦如〈俶真訓〉曰：

> 心無所載，通洞條達，恬漠無事，無所凝滯，虛寂以待，勢利不能誘也，辯者不能說也，聲色不能淫也，美者不能濫也，智者不能動也，勇者不能恐也，此真人之道也。

心無所負載，則心智通明條暢、虛無寂寞，不為外物所擾動，可謂真人[註70]，與道合一，而自得，〈原道訓〉曰：

> 聖人不以身役物，不以欲滑和，是故其為歡不忻忻，其為悲不惙惙。萬方百變，消搖而無所定，吾獨慷慨，遺物而與道同出。是故有以自得之也，喬木之下，空穴之中，足以適情；無以自得也，雖以天下為家，萬民為臣妾，不足以養生也。能至於無樂者，則無不樂；無不樂，則至極樂矣！

〔註70〕〈精神訓〉：「所謂真人，性合於道也。」真人乃體道者。

不受外物役使，不為欲望亂了心中的平和狀態，萬物萬事的變化，無法動搖清靜之性，使生命呈現自滿自足，安適恬愉的狀態，達到真正的快樂，即「吾所謂樂者，人得其得者也。夫得其得者，不以奢為榮，不以廉為悲，與陰俱閉，與陽俱開。」（〈原道訓〉）與道相偕的境界。

以體現道之無為，達到反性的境地，《淮南子》還具體地提出「因其自然」的要領，〔註71〕〈原道訓〉曰：

> 是故天下之事，不可為也，因其自然而推之；萬物之變，不可究也，秉其要歸之趣。

不以人為去改變天下事物，只「順應」自然之規律去推動；也不用去探究萬物變化的細節，只掌握其旨趣。〈原道訓〉又曰：

> 所謂無為者，不先物為也；所謂無不為者，因物之所為。所謂無治者，不易自然也；所謂無不治者，因物之相然也。

因循事物的發展條件，不改變事物的自然本性，即無為的表現。

2. 以恬養性

人除了合於道之「性」外，還包括基本的需求、欲求與喜怒哀樂之自然情感，而這些性情易受外物的援引，使清靜之本性喪失，即〈精神訓〉曰：

> 五色亂目，使目不明；五聲譁耳，使耳不聰；五味亂口，使口爽傷；趣舍滑心，使行飛揚。此四者，天下之所養性也，然皆人累也。故曰：嗜欲者，使人之氣越；而好憎者，使人之心勞；弗疾去，則志氣日耗。

耳目之欲、好憎之情，使人之心氣過度流漫，傷了清靜之性，就是《莊子》所說：「且夫失性有五：一曰五色亂目，使目不明；二曰五聲亂耳，使耳不聰；三曰五臭薰鼻，困惾中顙；四曰五味濁口，使口厲爽；五曰趣舍滑心，使性飛揚。此五者，皆生之害也。」（〈天地〉）生理情欲的享受與放縱，會導致本性的損失。欲回復本然之性，《淮南子》主張另一修養工夫，即「以恬養性」，以恬淡來涵養人性，曰：

> 靜漠恬澹，所以養性也；和愉虛無，所以養德也。外不滑內，則性得其宜；性不動和，則德安其位。養生以經世，抱德以終年，可謂

〔註71〕「因其自然」的觀點，除在此表現趨於道家之「無為」義外，《淮南子》又受儒家與法家影響，另有其他含義，於本論文之「四、繼承與轉發」中有所討論。

能體道矣。(〈俶真訓〉)

以靜漠恬澹來養性，以和愉虛無來養德，則外物不誘亂內在本性，本性就有安適的居所；「性」保持平和，則「德」有安處的位置。〔註72〕則可說能夠體察天道了。

《淮南子》又提出「節」與「適」之具體方法，以落實「以恬養性」的工夫，曰：

> 適情辭餘，以己為度，不隨物而動。(〈精神訓〉)
>
> 聖人食足以接氣，衣足以蓋形，適情不求餘，無天下不虧其性，有天下不羨其和。有天下，無天下，一實也。(〈精神訓〉)
>
> 適情性，則欲不過節。不惑禍福，則動靜循理；不妄喜怒，則賞罰不阿；不貪無用，則不以欲用害性；欲不過節，則養性知足。(〈詮言訓〉)
>
> 凡治身養性，節寢處，適飲食，和喜怒，便動靜，使在己者得，而邪氣因而不生，豈若憂瘕疵之與痤疽之發，而豫備之哉！(〈詮言訓〉)
>
> 夫聲色五味，遠國珍怪，瑰異奇物，足以變心易志，搖盪精神，感動血氣者，不可勝計也。夫天地之生財也，本不過五。聖人節五行，則治不荒。(〈本經訓〉)
>
> 是故聖人審動靜之變，而適受與之度，理好憎之情，和喜怒之節。夫動靜得，則患弗過也；受與適，則罪弗累也；好憎理，則憂弗近也；喜怒節，則怨弗犯也。(〈氾論訓〉)

對於物質上的要求，要加以節制；喜怒之動，要適情即可。以「節」與「適」作生活行為的合理控制，臻於清靜恬淡的適性狀態，並涵養其性，以回復本然之性。

3. 以教循性

《淮南子》在主張清靜虛無的人性，與以無為的態度對待萬事萬物的同時，也肯定教化的作用，〈泰族訓〉曰：

> 孔子弟子七十，養徒三千人，皆入孝出悌，言為文章，行為儀表，教之所成也。墨子服役者百八十人，皆可使赴火蹈刃，死不還踵，

〔註72〕〈繆稱訓〉：「德者，性之所扶也。」「性」是「德」的內在根本，「性」依靠「德」來實現其價值。

化之所致也。

孔子與墨子之徒眾，然皆能出入孝悌或赴火蹈刃，乃教而化的結果。

《淮南子》認為教化有其肯定的作用，但仁義禮樂等道德規範畢竟是「衰世之造也，末世之用也。」〈齊俗訓〉，曰：

> 率性而行謂之道，得其天性謂之德。性失然後貴仁，道失然後貴義。
> 是故仁義立而道德遷矣，禮樂飾則純樸散矣。……凡此四者，衰世
> 之造也，末世之用也。

仁義是道、德說衰敗後的產物，但還是有其存在的價值，〈本經訓〉曰：

> 是故仁義禮樂者，可以救敗，而非通治之至也。夫仁者，夫仁者，
> 所以救爭也；義者，所以救失也；禮者，所以救淫也；樂者，所以
> 救憂也。

仁義禮樂可以救爭、失、淫、憂。仁義禮樂之道德教化非根本之道，可說是以「末」求返「本」之法，但不失一種可行的法子，〈泰族訓〉曰：

> 聖王在上，明好惡以示之，經誹譽以導之，親賢而進之，賤不肖而
> 退之，無被創流血之苦，而有高世尊顯之名，民孰不從！

聖王可以明示善惡標準，並引導、鼓勵人民從善棄惡，所以「教化」不是強力，而是溫和，讓人民樂於接受的方式。〈泰族訓〉在此也提出教化者應具有真正道德的聖王，因為《淮南子》認為理想的統治者的教化方式是「民之化也，不從其所言而從所行。」（〈主術訓〉）身體力行所產生的影響作用，故須要一位具有理想人格的教化者，來樹立良好的道德規範，而「神化」，〈主術訓〉曰：

> 故聖人事省而易治，求寡而易澹，不施而仁，不言而信，不求而得，
> 不為而成。塊然保真，抱德推誠，天下從之，如響之應聲，景之像
> 形，其所修者本也。刑罰不足以移風，殺戮不足以禁奸，唯神化為
> 貴。

「神化」是聖人稟著純樸之本性，懷著誠真之心，「行不言之教」，從精神上教化和感化人民。也就是〈泰族訓〉所說：

> 故聖人懷天氣，抱天心，執中含和，不下廟堂而行四海，變習易俗，
> 民化而遷善，若性諸己，能以神化也。

聖人與人民在精神或心靈的相互感應，以達到遷善的教化效用。

《淮南子》主張聖人與人民相互感應的「神化」之教，主要的前提是「若

性諸己」。人之性是清靜恬愉，並具有仁義之資的之善性，後來受嗜欲、巧故之心、外物的影響，而失了本性，故須依賴教化以回復本真之性，因此，「聖人之治天下，非易民性也，拊循其所有而滌蕩之。」循著人之本性以「誠決其善志，防其邪心，啟其善道」（〈泰族訓〉），疏通、啟發天性，而與聖人相感應，達到純樸寡欲之狀態。《淮南子》在性善與肯定教化作用的基礎上，提出「神化」之「行不言之教」，是一種「以教循性」的修養論。

四、心論

《淮南子》的心常與精神、氣、神、志等概念相連，所以，在探討《淮南子》之心論，要先理清心在精神、氣、神、志之概念與作用，或他們之間的關係。

〈精神訓〉曰：

> 夫精神者，所受於天也；而形體者，所稟於地也。
>
> 是故精神，天之有也；而骨骸者，地之有也。
>
> 精神內守形骸而不外越。

可知「精神」與「形體」之質是相對的，指人之形上的層面，主要包含心的作用，如意識、思維、心靈。而這些心的作用，在《淮南子》中有時則直接代替心的概念。

《淮南子》中的神字，作形容詞用時，如〈精神訓〉曰：「精神盛而氣不散則理，理則均，均則通，通則神，神則以視無不見，以聽無不聞也，以為無不成也。」神是指微妙不測的狀態。而作名詞用時，則指精神層面心的特殊作用，〈精神訓〉曰：

> 故心者，形之主也；而神者，心之寶也。

心與神對舉，〈本經訓〉說：「至人之治也，心與神處。」心與神之涵義不完全等同，「神無虧缺於胸臆之中矣」（〈俶真訓〉），神在胸臆（心）之中，神是心之作用，是心之寶貴者，其何以為寶？即〈俶真訓〉曰：

> 是故神者智之淵也，淵清則明矣；智者心之府也，智公則心平矣。

神是心之明智作用，是心之靈敏處，故「至精為神」（〈精神訓〉）；「心之精者，可以神化」（〈繆稱訓〉）。神必須由心之作用而表現，然其是心之明智作用，是人與天地萬物相感通所在。《淮南子》以智為心之靈府，並使心平，歸於本初的狀態，即「是故聖人託其神於靈府，而歸於萬物之初。」（〈俶真訓〉）並

以「神化為貴」（〈主術訓〉），已有「尚智」的觀念。

關於「志」，〈俶真訓〉說：「志與心變。」心與志是有區別的。〈原道訓〉曰：「凡人之志，各有所在，而神有所繫者，其行也。」志字之結構，是「心」與「之」的組合，〔註73〕是指心之所向，如〈主術訓〉曰：「志之所在蹢於千里。」志是專指心之發用來說。在《淮南子》中志又常與氣連用，如：「而氣志者，五藏之使候也。」（〈精神訓〉）可能是受《孟子‧公孫丑上》：「志壹則動氣；氣壹則動志也。」志、氣互相作用的影響。然此氣非物質之血氣說，乃指具有價值意義的精神狀態言。

而氣除了與志合用外，亦有「血氣」之稱。《淮南子》中單獨講氣時，即指血氣來說，是生理自然的生命力。

故精神、神、志皆與心有密切關係，在廣泛的作用上，都可以代表心來說。有時神與形對舉時，精神與神之涵義相同，如：

> 人之拘於世也，必形繫而神泄。（〈俶真訓〉）

> 夫水濁則於噲，形勞則神亂。（〈說山訓〉）

《淮南子》的心論主要具有以下幾點特性：

（一）心之主宰與「心平志易」

《淮南子》曰：

> 故心者，身之本也。（〈泰族訓〉）

所謂身，是指人的完整的軀體，心是形體的根本，又曰：

> 形體以成，五臟乃形。是故肺主目，腎主鼻，膽主口，肝主耳，外為表而內為裏，開閉張歙，各有經紀。故頭之圓也象天，足之方也象地。天有四時、五行、九解、三百六十六日，人亦有四支、五藏、九竅、三百六十六節。……而心為之主。（〈精神訓〉）

也是形體的主宰者，故曰：「故心者，形之主也。」（〈精神訓〉）其中包括五臟九竅、首身四肢等，又曰：

> 心治則百節皆安，心擾則百節皆亂。故其心治者，支體相遺也。
> （〈繆稱訓〉）

心主宰著形體，是四肢是否安適的關鍵，又曰：

> 是故肺主目，腎主鼻，膽主口，肝主耳，……而心為之主。

〔註73〕許慎著；段玉裁《說文解字注》（臺北：黎明文化事業公司，1980.10）頁506：
「志，意也。从心之，之亦聲。」

五藏能屬於心而乖，則悖志勝而行不僻矣。(〈精神訓〉)

夫心者，五藏之主也，所以制使四支，流行血氣，馳騁於是非之境，
而出入於百事之門戶者也。是故不得於心，而有經天下之氣，是猶無
耳而欲調鐘鼓，無目而欲喜文章也。亦必不勝其任矣！(〈原道訓〉)

也支配著腑臟、感官功能活動，以及調節血氣的運行，更能「馳騁於是非之
境，而出入於百事之門戶者也」掌握精神活動。〈主術訓〉曰：

心之於九竅四支也，不能一事焉。然而動靜聽視皆以為主者，不忘
於欲利之也。

〈詮言訓〉曰：

食之不寧於體，聽之不合於道，視之不便於性。三官交爭，以義為
制者，心也。……耳目鼻口不知所取去，必為之制，各得其所。

心控馭九竅感官各得其宜。所以，若沒有心的主宰，則感官四肢無法發揮其
功能。

就心功能，能主宰九竅、四肢、血氣的運作，徐復觀稱：

《淮南子》的道家們，非常強調了心的主宰性；雖然將心與形對舉，
但明確地可以看出心是形體中的一部份，不過是較為突出的一部
份。〔註74〕

心是形體的主宰者，掌握感官四肢，操縱血氣的流動，所以，欲使感官
四肢不受外物所惑，血氣運作平穩，則當從心作工夫開始，即〈詮言訓〉說：
「能脩身者，必不忘其心。」也就是丁原明詮釋曰：

在《淮南子》看來，人所以不能保持清靜無為的本性，以及它的耳
目感官不能抵禦外物的引誘，其根本源因就在於失去「心」的控制，
沒有發揮好「心」的主宰作用。因此，人欲保持其主體性的內容不
被流失，和現實無為，就必須強化心的主導地位，並通過這種強化
以顯示人的主體性存在價值。〔註75〕

然如何把持主宰的心，摒棄外物的誘惑？〈詮言訓〉曰：

聖人心平志易，精神內守，物莫足以惑之。

使心志呈現平易之狀態，則「心志專於內，通達耦於一，居不知所為，行不知

〔註74〕徐復觀《兩漢思想史・卷二》(臺北：臺灣學生書局，1989.9) 頁238。
〔註75〕丁原明〈《淮南子》與《文子》思想之異同〉(《文史哲》第6期，1994.6) 頁
　　　　24。

所之。」(〈精神訓〉)不為外物所惑。〈詮言訓〉曰:

> 心常無欲,可謂恬矣;形常無事,可謂佚矣。游心於恬,舍形於佚,
> 以俟天命。自樂於內,無急於外,雖天下之大,不足以易其一。

心保持恬淡而無欲,則形體無事,才能發揮心的主宰作用,達到自我滿足,
享有真正的快樂,即「以中制外」,如〈原道訓〉曰:

> 以中制外,百事不廢;中能得之,則外能收之。中之得則五藏寧,
> 思慮平,筋力勁強,耳目聰明;疏達而不悖,堅強而不鞼,無所大
> 過而無所不逮。處小而不逼,處大而不窕。

因為外在事物所帶來的快樂,是無法觸及心靈深處,〈原道訓〉曰:

> 不以內樂外,而以外樂內。樂作而喜,曲終而悲。悲喜轉而相生,
> 精神亂營,不得須臾平。察其所以,不得其形,而日以傷生,失其
> 得者也。是故內不得於中,稟授於外而以自飾也。不浸於肌膚,不
> 浹於骨髓,不留於心志,不滯於五藏。故從外入者,無主於中,不
> 止;從中出者,無應於外,不行。

當外在感官的刺激消失後,則短暫的歡愉急逝,又回到零,是無法久樂,亦
無法充實內在的心靈。故心雖「三官交爭,以義為制者」,使感官各得其所,
然也要常保「心平志易」,才能真正發揮心的主宰功能。

(二)心之感知與「養神」

《淮南子》曰:

> 夫七尺之形,心知憂愁勞苦,膚知疾痛寒暑,人情一也。(〈脩務訓〉)
> 集於心則其慮通。(〈本經訓〉)

心有感覺與認知之能力。心可以作為腑臟四肢之主宰,主要是因為心具有感
知的作用。心透過感官與外物的接觸,再經過心的認知、思慮作用,對事物
進行統整與定奪,使腑臟四肢各得其所,即〈繆稱訓〉曰:

> 人有四用。何謂四用?視而形之,莫明於目;聽而精之,莫聰於耳;
> 重而閉之,莫固於口;含而藏之,莫深於心。目見其形,耳聽其聲,
> 口言其誠,而心致之精,則萬物之化感有極矣。

而心之致精,可以化感萬物,即〈繆稱訓〉所說:「心之精者,可以神化。」乃
是心之感知作用達到靈妙的境界,因為「物至而神應,知之動也。」(〈原道訓〉)
在《淮南子》認為「神者智之淵」,神是「智」的活動,能神應萬物,則屬於

感知的作用。〈俶真訓〉曰：

> 是故聖人托其神於靈府，而歸於萬物之初。視於冥冥，聽於無聲。
> 冥冥之中，獨見曉焉；寂漠之中，獨有照焉。其用之也以不用，其
> 不用也而後能用之；其知也乃不知，其不知也而後能知之也。

心之神化，是超越有形感官的感知，主體心與客體物相合為一，呈現自然同質狀態，無礙交通往來，故是一種對象性消失，無思無慮的直覺感知。此種神化之感知，心要處於與道相合，純樸清靜之本心情狀，方能達此神化之境界，〈泰族訓〉曰：

> 道者，藏精於內，棲神於心。

〈精神訓〉曰：

> 抱其太清之本，而無所容與，而物無能營。廓愁而虛，清靜而無思
> 慮。以死生為一化，以萬物為一方，同精於太清之本，而游於忽區
> 之旁。

而「太清之始也，和順以寂漠，質真而素樸，閒靜而不躁，推移而無故，在內而合乎道。」（〈本經訓〉）因此，心要和順寂漠、質真素樸、閒靜不躁，才能與萬物生死同推移。

《淮南子》主張神須涵養，曰：

> 是故聖人將養其神，和弱其氣，平夷其形，而與道沈浮俯仰。（〈原
> 道訓〉）

> 治身，太上養神，其次養形；治國，太上養化，其次正法。神清志
> 平，百節皆寧，養性之本也。（〈泰族訓〉）

涵養其神，使神清明，則心志平靜，形體安寧，可與道合一，是涵養本性，也是養生的最高境界。若神有失，則理智失序，以身役物，〈俶真訓〉曰：

> 是故神越者其言華，德蕩者其行偽，至精亡於中，而言行觀於外，
> 此不免以身役物矣。夫趨舍行偽者，為精求於外也。精有湫盡，而
> 行無窮極，則滑心濁神而惑亂其本矣。其所守者不定，而外淫於世
> 俗之風。

神過於煩費，會導致心亂，言行失控，德性盪散，故當善養其神。

《淮南子》主張養神以靜，曰：

> 慎守而內，周閉而外，多知為敗。毋視毋聽，抱神以靜，形將自正。
> （〈詮言訓〉）

清靜守神，塞耳目之欲，「棄聰明而反太素，休精神而棄知故，覺而若昧，」（〈原道訓〉）以「保其精神，偃其智故。」（〈原道訓〉）又曰：

> 以恬養性，以漠處神，則入於天門。（〈原道訓〉）

以靜漠處神，則可以入道的境界。因為靜漠是神的本來狀態，〈精神訓〉曰：

> 夫靜漠者，神明之宅也；虛無者，道之所居也。是故或求之於外者，
> 失之於內；有守之於內者，失之於外。譬猶本與末也，從本引之，
> 千枝萬葉，莫不隨也。

神惟有保持其靜漠的本然，才能發揮其之作用，而化感萬物。《淮南子》在此除了認為萬物「同氣相感」〔註76〕外，又提出「夫唯易且靜，形物之性也。」（〈俶真訓〉）萬物同具有平靜之性，「神於靈府，而歸於萬物之初」（〈俶真訓〉），人可藉神化作用，與道合一，反萬物之初然，與萬物同質性，而達到化感萬物的境界。〔註77〕

　　《淮南子》之感知作用的心，主要以靜漠來善養，使其無所載，不與物相雜揉，〔註78〕而「塊然保真，抱德推誠，天下從之，如響之應聲，景之像形，其所修者本也。刑罰不足以移風，殺戮不足以禁奸，唯神化為貴。至精為神。」（〈主術訓〉）用心至誠也能化感萬物，〈泰族訓〉曰：

> 故聖人養心，莫善於誠，至誠而能動化矣。

〔註76〕〈本經訓〉曰：「同氣於天地。」〈泰族訓〉曰：「以陰陽之氣相動也，故寒暑燥濕，以類相從；聲響疾徐，以音應也。」

〔註77〕陳麗桂〈《淮南子》與《春秋繁露》中的感應思想〉（《先秦兩漢學術思想研討會論文集・第一輯》，輔仁大學中國文學系主編，臺北：紅葉文化，1999.7，頁164～165）：「可人的精神能夠與天地萬物相感應，基本上是緣於彼此『皆成一氣』，為一『氣』之所化生。〈本經〉說：『古之人同氣於天地』，因此，當人的心靈虛寧專注時，其精神便復返於生命本初的狀態，在那種狀態下，精神與形骸，心與物，人與我，天地與人，都化做一種自然的氣機，以一種自然之氣的狀態呈現，彼此渾然同質而不分，因而能自在無礙地交通往來，這便是《淮南子》感應作用的基本流程，事實上是道家修養論與氣化論的結合。」陳麗桂注意到了《淮南子》以為氣是萬物具體成形的主要元素，而忽略《淮南子》亦認為道是天地萬物的根源，萬物稟道而生，而具有與道相同的「易且靜，形物之性」。筆者認為《淮南子》所謂的「神化」的感應作用，當從「萬物同性」來說，較能與《淮南子》主張「原心反性」與道合一之觀點相契合，因為「神化」的感應作用還是屬於心的作用，如〈俶真訓〉：「夫聖人用心，仗性依神，相扶而得終始。」

〔註78〕〈俶真訓〉曰：「若夫神無所掩，心無所載，通洞條達，恬漠無事，無所凝滯，虛寂以待，勢利不能誘也，辯者不能說也，聲色不能淫也，美者不能濫也，智者不能動也，勇者不能恐也。」

在《淮南子》中言及君民的關係時，比較強調「誠心」感化作用，如：

> 聖主在上，廓然無形，寂然無聲，官府若無事，朝廷若無人。無隱士，無軼民，無勞役，無冤刑，四海之內，莫不仰上之德，象主之指，夷狄之國，重譯而至，非戶辯而家說之也，推其誠心，施之天下而已矣。(〈泰族訓〉)

可能受到先秦儒家講求「其身正，不令而行；其身不正，雖令不從」(《論語·子路》)，以推己及人，視人如己，著重身教與德教的影響。

五、繼承與轉發

(一)心性之根源

《淮南子》繼承老莊所謂的「道」，為心性論的依據。《淮南子》承襲老莊「道」之作用與特質，賦予心性具有自然虛無清靜之質。然就《淮南子》與老莊之道的創生意義上來說，《淮南子》於老莊之後另有轉發。

《老子》說：「道生一、一生二，二生三，三生萬物。萬物負陰而抱陽，沖氣以為和。」將道置在陰陽二氣之上，支配萬物的化生過程，道是超越物質之外的主宰者，是屬於抽象的本體。而《莊子·大宗師》：「夫道，⋯⋯自本自根，未有天地，自古以固存；神鬼神帝，生天生地。」道也是創生萬物的抽象本體。

而《淮南子·原道訓》雖有「道者一立而萬物生」與「夫無形者，物之大祖也」之言，然很難確定道是創生萬物之本體。作為構成萬物的元素，《淮南子》明確指出「氣」。「氣」也是萬物生化的本體。而「道者，物之所導也。」著重在道化生萬物作用的法則與規律，所以《淮南子》強調「脩道理之數」(〈原道訓〉)，循道之「理數」，不說循道之「本」，或道之「體」，並且說：「道始於一，一而不生，故分而為陰陽，陰陽合和而萬物生。故曰『一生二，二生三，三生萬物』」(〈天文訓〉)道即一，但一不能生，故分而為陰陽，「陰陽合和」、「剛柔相成」才有「萬物乃形，煩氣為蟲，精氣為人」，所言的道是如《易傳》之「一陰一陽之謂道」剛柔相推之規律。所以《淮南子》的道，實質是「脩(循)道理之數，因天地之自然」，著重在功能與作用上，強調萬物變化發展的自然法則之意義，不具本體的涵義。

(二)心之作用

《淮南子》以「心者，身之本也。」(〈泰族訓〉)且心具有主宰、認知的

作用，早在《孟子‧告子》曰：

> 耳目之官不思，而蔽於物。物交物，則引之而已矣。心之官則思；
> 思則得之，不思則不得也。此天之所與我者。

與《荀子》曰：

> 耳、目、鼻、口、形，能各有接而不相能也，夫是之謂天官；心居
> 中虛，以治五官，夫是之謂天君（〈天論〉）
> 心者，形之君也，而神明之主也，出令而無所受令。自禁也，自使
> 也，自奪也，自取也，自行也，自止也。故口可劫而使墨云，形可
> 劫而使詘申，心不可劫而使易意，是之則受，非之則辭。故曰：心
> 容，其擇也無禁必自見。（〈解蔽〉）

心因為具有思慮、認知作用，而為五官、形體之主宰。

《淮南子》繼承孟、荀之認知、主宰之心，又結合老、莊子之神的概念，而發展出其所謂心、神的關係與涵義。在《老子》中的「神」字，如：

> 以道蒞天下，其鬼不神。非其鬼不神，其神不傷人。非其神不傷人，
> 聖人亦不傷人。夫兩不相傷，故德交歸焉。

作形容詞用，意謂神秘或神妙的作用。而《莊子》中「神」的概念，如〈逍遙遊〉的「神人無功」；〈天下〉的「不離於精，謂之神人」，強調神是存於生命的本體。此本體乃〈天地〉曰：

> 物成生理，謂之形，形體保神，各有儀則，謂之性。

是人稟自「道」為內在的本真之性。因人稟受道為德，成為人形上的精神特徵，所以，人的生命及其活動也能體現道的精神境界。然形體不得不與外物相交，若耳目逐物不返，功能太過，終陷形體嗜欲太深，神為形所役使。在《莊子》追究人逐物不返而招致形勞神累，或以形役神的元兇，當歸咎於「心」，如《莊子‧田子方》曰：「吾聞中國之君子，明乎禮義而陋於知人心。」人心是造成煩惱與痛苦的主體，因為心是認知之主體，而「吾生也有涯，而知也無涯，以有涯隨無涯，殆已」（〈養生主〉），當心透過在時空條件制約，以主觀的感覺與概念思辨、語言界說所構成的知識是無法窮盡現象世界；再加上「機心存於胸中」（〈天地〉）及〈人間世〉所說的「不肖之心」、「怒心」，因此，心是產生煩惱與痛苦形成「以形役神」的肇因。為了解除形役神勞的情況，《莊子》提出「心齋」、「坐忘」的工夫，實踐「吾喪我」與「去知」，來越「形」而任「道」，達到神與物遊的真正逍遙境界。

　　然《淮南子》繼承莊子的神概念時，卻將神轉化為「心之寶」，也就是「智之淵」，它是心的靈敏、靈妙的感知作用，是屬於心的活動範疇內。若心為外物所惑，或失神，則直接從心與神上作工夫，以平易涵養其心，以靜漠養其神，以返回本初之狀態。而莊子之心齋的工夫歷程，是藉去知、喪我，由外而內，將世俗心提升至無執的心境，以體證神（道）。因此，《淮南子》與莊子的神存在著相當的差異性質。《淮南子》之神是靜漠的感知主體，反而較接近荀子所謂的「虛壹而靜」的認知心。

（三）性與教

　　《淮南子》對人性的看法，是以先秦老莊的自然之道性為基礎，說：「性合於道」（〈精神訓〉）性契合於「道」，又說：「清靜恬愉，人之性也。」（〈人間訓〉）人性是清靜、安寧、虛無、無為、純粹樸素的。另一方面又接受孟子性善的說法，有「人之性有仁義之資。」（〈泰族訓〉）人稟有仁義之倫理之性。然人於現實世界中，與外物接觸，受聲色、功名、利祿之牽引，則喪失本初之性，造成本性之異化。

　　《淮南子》繼承老莊清靜樸素的本性，然反對老子所主張的「絕聖棄智」、「復歸於嬰兒」的說法，認為大多數人的成長過程中，「夫物有以自然，而後人事有治也。」（〈泰族訓〉）「故無其性，不可教訓；有其性，無其養，不能遵道。」（〈泰族訓〉）有其本性，也要加以引導，才能使本性落實於現實中，因此，後天的學習教化與清靜自然的本質沒有相違背，反而融和儒家禮樂制度之教，曰：

> 故先王之制法也，因民之所好而為之節文者也。因其好色而制婚姻
> 之禮，故男女有別；因其喜音而正《雅》、《頌》之聲，故風俗不流；
> 因其宵家室、樂妻子，教之以順，故父子有親；因其喜朋友而教之
> 以悌，故長幼有序。……此皆人之所有於性，而聖人之所匠成也。
> （〈泰族訓〉）

認為禮樂孝悌之道德規範是依自然之人性而定。《淮南子》在此，一方面繼承儒家的禮樂教化。另一方面，以為禮樂制度是適當地引導人的喜怒、聲色之欲，是對儒家人性異化之後，在「反（返）性」之工夫上，《淮南子》卻肯定「教化」的作用。

小　結

　　西漢前期的學術思想，繼續著戰國末期荀子、韓非為代表集大成的局面發展，呈現兼融並蓄的時代特色。心性論也著眼於各家思想的溝通，展現吸收道、儒、法、陰陽等思想的現象，最明顯的，是前期的代表思想家多接受道家之「道」概念，作為心性論的根源，並認為仁義導源於此「道」，將道家超越善惡的道說，與儒家仁義道德的觀念，會通為善之道體。

　　西漢前期所代表的心性論，多以具有道德觀的「道」為根源的基礎上，他們共同都認為人性都具有仁義之資，如賈誼以為道創生萬物的過程中，萬物據道之「六理」而成其內在之質性，而六理能具體成為道、仁、義、忠、信、密等「六美」之人性表現。陸賈也認為人之本性因道，而有禮義之性；情亦符合仁義之道。韓嬰說：「言天之所生，皆有仁義禮智順善之心。」人天生就有仁義之性。而《淮南子》認為人除了擁有合於道之清靜恬愉之的道性外，亦稟有仁義之德性。因此，他們認為人之本性，都具有仁義之善的部分。但賈誼對「人之性」的立論，是站在現實經驗的立足點來說，故不言性善，而就現實經驗主張外在環境（勢）造成善惡的分別。因此，對於此時期人性善惡問題，可釐整為賈誼是「情性是善」說；陸賈是「無善無惡」說；韓嬰是「心性是善」說；《淮南子》則屬於「性善」說。

　　此時期之心論，多繼承孔子強調「志」的重要性，如賈誼認為「志」是促成完全的自覺、自動與內化，而進行自身改造的作用力，故以「志」的決定作用來分上、下等人。陸賈雖將人性的善惡問題，置於外在環境的影響力，然環境因素畢竟是被動的狀態，最終還是要視主體的作用取向，因此，他認為心之所向，志之所行，是善惡的最主要原因。而《淮南子》繼承莊子的神概念，又轉化為「智之淵」，接近荀子的認知心，即強調心主宰的作用，並重視「智心」的重要，與賈誼認為兼具智者與賢者才能成為聖人，與陸賈主張惟智者才能實踐合道之情性，則已有「尚智」的觀念。而漢代「尚智」的思想，是繼承孔子之「以智心說性」繼續發展而來。

　　此時期的心性論，多主張性善說，但沒有如孟子強調擴充心性的修養工夫，反而比較重視外在的教化作用，而擔當教化的重責大任，多指向「聖王」，除了在乎教化者的人格性，也注重他所擁有的權威性，這或許是漢代大一統不同於戰國群雄割據局勢發展出來的結果。

第四章 西漢後期之心性論

「西漢後期」是指從漢武帝締造西漢的鼎盛時期，歷昭、宣帝所屬於的中興時期，經元、成帝的衰落，到哀、平帝的短祚，王莽篡位，西漢滅亡這段時間。

在漢初期間，黃老無為政策的推行，造就了社會的穩定。但無為消極的放任政策，使地方王室勢力擴大，對朝廷也漸漸驕恣跋扈，種下「七國之亂」的禍根。再加上匈奴侵擾日益嚴重；商人居奇壟斷，剝削農民，於是急需安定天下局勢；以及社會安定，經濟蓬勃，當施以教化知禮義，以提升人民的素養，與補充官吏人才的需要。〔註1〕儒學在其具有理性實踐思想〔註2〕、兼容完整學說〔註3〕、收徒講學方式〔註4〕、積極淑世態度〔註5〕等優勢之下，能在漢初黃老之學的主流下復興起來，至武帝採取董仲舒的建議，罷黜百家，

〔註1〕 高祖劉邦建漢以後，多以功臣、軍吏擔任行政官員，然隨著歲月的流逝，老兵凋零，《漢書·外戚恩澤侯表》：「至乎孝武，元功宿將略盡。」《漢書·武帝紀》：「名臣文武盡。」官吏不斷流失，人才的補充機制正待進行，文帝已警覺到推舉賢吏的重要性，曾於十二年（西元前168）詔書中提到「今萬家之縣，云無應令，豈實人情？」（《漢書·文帝紀》）的感慨。

〔註2〕 儒家講求「先行其言而後從之。」（《論語·為政》）不是一種純粹思辨的哲學，是充滿知行實踐。

〔註3〕 儒學淵源流長，上承堯舜與夏商周三代傳統文化的精華，下開孔子與孟子，成就儒學的完整學說，如《史記·太史公自序》云：「《易》著天地陰陽四時五行，故長於變；《禮》經紀人倫，故長於行；《書》記先王之事，故長於政；《詩》記山川谿谷禽獸草木牝牡雌雄，故長於風；《樂》樂所以立，故長於和；《春秋》辯是非，故長於治人。是故《禮》以節人，《樂》以發和，《書》以道事，《詩》以達意，《易》以道化，《春秋》以道義。」內容涵蓋自然、人類、社會的基本知識，具有學校教育與社會教化所需的完整體系與內容。

〔註4〕 收徒講學是儒家的教育與推廣學說的方式，也是大多數儒者的重要職業，即使歷經秦代焚書坑儒的打擊，尚不能阻止他們發展講學的傳統。

〔註5〕 儒家者流以繼承著中國民族傳統文化自居，又有憂患與積極淑世的態度，因而儒士的意識裡多少存在著繼承光大傳統文化，與改造天下、發揚儒學的責任。

表彰六經，定孔子之術為一尊。朝廷廣用通經之儒；地方諸侯王國亦好儒學，如河間獻王劉德好書修學，中央與地方呈現從儒之風。士人也把讀經視為晉升仕途與富貴的途徑，儒學盛極的局面。

　　孔子之六經，歷始皇焚書，《樂》亡佚，漢初復之，僅存五經。惠帝開挾書之禁，至文景之世，方有一經專門之學，武帝建元五年（西元前 136）初置五經博士，以教授生徒。當時經學之傳授，都由儒學大師憑記憶，靠背誦，口說傳業。至景帝時始由幾個年老的學者，憑著對經書內容的記憶，以當時通行的隸書著於竹帛，故稱為「今文經」。武帝時魯恭王壞孔子宅壁，〔註6〕得《古文尚書》及《禮記》、《論語》、《孝經》凡數十篇，又西漢末年，劉歆奉命校祕閣書，發現《左氏春秋》、《逸禮》、《尚書》等，這些皆是用漢以前的篆書寫成的，即為「古文經」，講授於民間。西漢一直沒有設立古文經為學官，所以整著西漢的經學發展，可以說是由今文經學所主導。然經學在漢代的發展下，形成繁瑣化〔註7〕、神秘化〔註8〕、權威化〔註9〕、諷刺教化〔註10〕

〔註6〕徐復觀《中國經學史的基礎》（臺北，學生書局，1982）：「按《漢書》五十三〈魯恭王傳〉『以孝景前二年立為淮陽王，吳楚反破後，以孝景前三年徙王魯，好治宮室。……二十八年薨』。薨時為武帝元光六年，乃武帝即位之第十二年，亦不可稱『武帝末』。是『武帝末』乃景帝末之誤。」以為「魯恭王壞孔子宅壁」是發生在景帝末。

〔註7〕《漢書・藝文志》：「後世經傳既已乖離，博學者又不思多聞闕疑之義，而務碎義逃難，便辭巧說，破壞形體；說五字之文，至於二三萬言。後進彌以馳逐，故幼童而守一藝，白首而後能言；安其所習，毀所不見，終以自蔽。此學者之大患也。」

〔註8〕賈誼、董仲舒先後提出天志與災異的引導，以天人感應與陰陽五行的思維方式來釋經，及受讖緯思想的影響，造成漢代經學讖緯神秘化的特性。

〔註9〕《六經》之儒家經典，在先秦時本是一般的文化典籍，雖被儒家作為教授學生的材料，然沒有具有神秘與權威的色彩。至漢，這些經典的地位越來越高，並被極力推崇它們的政治作用與社會功能，成為儒家的象徵。且對漢代的統治者與士人來說，不僅可以解決政治、族群與社會問題，及指導人生方針，舉凡朝廷定禮樂制度；制定法律；議定巡狩封禪；選立太子；選官取士；察舉茂才賢良；政壇之進退；進治亂之道；土地分配；重視農耕；判案量刑；甚至包括作為處理救災，與民族問題的理論根據。

〔註10〕漢代臣子常常運用五經的內容，諷諫君王，如賈誼《新書》引《詩》文者有十六則，引《書》文者有一則，引《禮》文者有十三則，引《易》文者有五則，引《春秋》三傳文共九則；董仲舒《春秋繁露》引《詩》文者有三十六則，引《書》文者有十則，引《禮》文者有一則，引《易》文者有四則，內容多以強調君王修德與修改施政為主。又〈毛詩〉序《詩》三百零五篇，言諷刺時君或時政者就有一百三十五則。經學於漢代的諷刺教化意義的重要性。

之特色。〔註11〕

西漢後期是儒學為學術主流，而道家思想則在民間繼續的發展下去。此時期的心性論以董仲舒、劉向、嚴遵、揚雄為代表。此四家心性論在前期賈誼曰：「性，神氣之所會也。」以「氣」作為構成人性的要素，與《淮南子》：「陰陽者，承天地之和，形萬殊之體，含氣化物，以成垺類。」以陰陽二氣是萬物具體成形的主要元素，繼續發展出以陰陽二氣說性的共同特色。而四家代表又可分為主張「人性之善質不等於善」的董仲舒與劉向；主張「人性善惡相混」的嚴遵與揚雄。

第一節　董仲舒之心性論

一、董仲舒生平

董仲舒（約西元前179～前104）是中國學術文化史上的重要思想家，大約生於漢文帝年間，卒於武帝太初以前，年六、七十左右。就生活的政治環境來說，是大一統政治趨於成熟的時期。所處學術背景，是由統治地位的黃老思想轉向獨尊儒術的新格局。《漢書・董仲舒傳》曰：「董仲舒，廣川人也。少治春秋，孝景時為博士。下帷講誦，弟子傳以久次相授業，或莫見其面。蓋三年不窺園，其精如此。進退容止，非禮不行，學士皆師尊之。武帝即位，舉賢良文學之士前後百數，而仲舒以賢良對策焉。……贊曰：劉向稱『董仲舒有王佐之材，雖伊呂亡以加，筦晏之屬，伯者之佐，殆不及也。』」這段話點出了董仲舒的性格、為學、從政、著述與後人的評價。

第一、性格與為學。董仲舒進退容止，無不合乎禮法，且「為人廉直。是時方外攘四夷，公孫弘治春秋不如仲舒，而弘希世用事，位至公卿。仲舒以弘為從諛，弘嫉之。膠西王亦上兄也，尤縱恣，數害吏二千石。弘乃言於上曰：『獨董仲舒可使相膠西王。』仲舒膠西王聞仲舒大儒，善待之，仲舒恐久獲罪，病免。」（《漢書・董仲舒傳》）董仲舒方正耿直，臨事有為有守，即使面對驕橫跋扈的易王劉非，亦能以禮義匡正其言行，而到尊重。〔註12〕

〔註11〕 以上儒學發展情狀之內容，參考筆者所著〈漢代儒學〉一文，收錄於《中國哲學導論》（臺北：新文京開發出版，2008.7）一書。
〔註12〕 《漢書・董仲舒傳》：「天子以仲舒為江都相，事易王。易王，帝兄，素驕，好勇。仲舒以禮誼匡正，王敬重焉。」

　　董仲舒為學時，三年裡不窺其園，可知其為學專精之程度。董仲舒生於廣川，東南臨近齊魯多儒生，北面燕代出方士，西靠三晉產法家，自幼便受到多種文化薰陶，又潛心研究各家學說，尤對漢初占統治地位的黃老學術研究頗深，其《春秋繁露》之〈保位權〉、〈立元神〉、〈循天之道〉等篇即帶有道家思想。

　　董仲舒通《五經》，最擅長《春秋》公羊學。《漢書‧五行志》：「漢興，承秦滅學之后，景、武之世，董仲舒治《公羊春秋》，始推陰陽，為儒者宗。」又《史記‧儒林傳》曰：「漢興至于五世之閒，唯董仲舒名為明於《春秋》，其傳公羊氏也。」為公羊學大家。董仲舒公羊學之特色，在於發揮《公羊春秋》的微言大義，引經論事，甚至以《春秋》斷獄，將《春秋》與政治相結合。

　　第二、從政與著述。董仲舒在景帝時，擔任《公羊春秋》博士，此期間在政治上雖無建樹，然廣招生徒，私相傳授，為當時培育了一批推行儒學的人才。武帝時，舉賢良文學之士，根據《漢書‧董仲舒傳》載武帝「立學校之官，州郡舉茂才孝廉，皆自董仲舒發之。」武帝元光元年（西元前 134），董仲舒上〈天人三策〉，〈天人三策〉主要以天人關係問題為中心，並廣援儒家理論暢言時事，縱論古今，頗得武帝的喜愛，董仲舒故被舉為江都易王的相國。後因言《春秋》災異之變，而任中大夫。武帝元狩元年（西元前 122）因丞相公孫弘妒忌而推薦任膠西王的相國。膠西王蠻橫，董仲舒恐日久獲罪，而稱病「去位歸居，終不問家產業，以修學著書為事」，至死不再任官。但「朝廷如有大議，使使者及廷尉張湯就其家而問之。」（《漢書‧董仲舒傳》）

　　董仲舒的著作「明經術之意，及上疏條教，凡百二十三篇。而說《春秋》事得失，《聞舉》、《玉杯》、《蕃露》、《清明》、《竹林》之屬，復數十篇，十餘萬言，皆傳于後世。」然現今僅存《春秋繁露》十七卷、〈士不遇賦，以及載於《漢書》〈食貨志〉與〈匈奴傳〉的文字。

　　第三，後人評述。劉向稱「董仲舒有王佐之材，雖伊呂亡以加，筦晏之屬，伯者之佐，殆不及也。」其子劉歆則贊董仲舒「遭漢承秦滅學之後，六經離析，下帷發憤，潛心大業，令後學者有所統壹，為群儒首。」（《漢書‧董仲舒傳》）可見董仲舒思想對當時政治與學術影響很大。王充也稱讚董仲舒的文章「不空為」、「不妄作」「有補於正」。〔註 13〕宋代程伊川稱董仲舒具有儒者

〔註 13〕王充撰；劉盼遂集解《論衡集解‧對作》（臺北：世界書局，1966.3）

氣象。〔註14〕朱熹謂：「漢儒惟董仲舒純粹，其學甚正，非諸人比。」〔註15〕
清陸隴其稱董仲舒之言，穆然和平；將董仲舒與賈誼比較，認為董仲舒學勝
賈誼。〔註16〕

　　近代學者，如牟宗三曰：「文化系統即五經所代表者，此古官書也，堯、
舜以來所傳之道法也。此道法之形上義理，經過孔孟之批評的反省，抒發而
為純正精微之型範。董仲舒倡議復古更化，亦在繼承此文化系統，而其超越
理想則亦集中于形上義理而發揮之。」〔註17〕肯定董仲舒開發後代義理學派
的地位。

二、心性論之根據——天

　　董仲舒之心性論，即以「天」展開它的思維起點。董仲舒的天具有以下
的特性：

（一）萬物之祖

　　董仲舒曰：「天者，萬物之祖。」〔註18〕天是萬物的根源，且人是由天所
生，天是人的根據，曰：

　　　為生不能為人，為人者，天也，人之人本於天，天亦人之曾祖父也，
　　　此人之所以乃上類天也。人之形體，化天數而成；人之血氣，化天
　　　志而仁；人之德行，化天理而義；人之好惡，化天之暖清；人之喜
　　　怒，化天之寒暑；……天之副在乎人，人之情性有由天者矣，故曰
　　　受，由天之號也。（〈為人者天第四十一〉）

又曰：

　　　人之受命於天也，取仁於天而仁也，是故人之受命天之尊，父兄子弟
　　　之親，有忠信慈惠之心，有禮義廉讓之行，有是非逆順之治，文理燦
　　　然而厚，知廣大有而博，唯人道為可以參天。（〈王道通三第四十四〉）

〔註14〕《二程集·河南程氏遺書卷第二十四·伊川先生語》（臺北：漢京文化事業有
　　　　限公司，1983.9）頁314：「西漢儒者有風度，惟董仲舒、毛萇、楊雄。」
〔註15〕《朱子語類·戰國漢唐諸子》（臺北：華世出版社，1987.1）頁3257。
〔註16〕蘇輿《董子年表》（續修四庫全書·春秋繁露義證）（上海：古籍書局，2002.8）
　　　　頁522，曰：「陸隴其論賈董優劣云……賈之言多至於激烈，而董則穆然和
　　　　也。……賈以才勝，董以學勝。以聖門言之，董生狷者也，賈生狂者也。」
〔註17〕牟宗三《歷史哲學》（臺北：台灣學生書局，1988.8）頁267。
〔註18〕董仲舒《春秋繁露·順命》（臺北：臺灣商務印書館，1966.8），以下引該書只
　　　　注篇名。

人之心志、情性、形體，以及倫理道德，皆受命於天，且類比於天，與天合一。

（二）構成要素

天的組成有十種元素，曰：

> 何謂天之端？曰：天有十端，十端而止已，天為一端，地為一端，陰為一端，陽為一端，火為一端，金為一端，木為一端，水為一端土為一端，人為一端，凡十端而畢，天之數也。（〈官制象天第廿四〉）

董仲舒以天地、陰陽、五行、人等作為自然界的構成要素。此天，馮友蘭稱之為「物質之天」。〔註 19〕而李威熊認為「『人』也是構成『天』的一端，就不能直稱『天』為物質。」〔註 20〕

而天之十端中的陰陽二氣是天的兩種屬性，是萬事萬物的基本物質。馮友蘭稱董仲舒的天為「物質之天」，就是基於陰陽兩種物質之氣來說。董仲舒曰：

> 天地之氣，合而為一，分為陰陽，判為四時，列為五行。行者，行也，行不同，故謂之五行。五行者，官也，比相生而間相勝也。（〈五行相生第五十八〉）

五行亦由陰陽分列而成，他們是「其氣相俠，而以變化相輸也。」（〈陰陽終始第四十八〉）以相輸變化的方式，而化生春夏秋冬。董仲舒又曰：

> 陰陽之氣在上天亦在人，在人者為好惡喜怒，……夫喜怒哀樂之止動也，此天之所為人性命者，臨其時而欲發，其應亦天應也。（〈如天之為第八十〉）

陰陽二氣亦貫通於人，表現為好惡喜怒。董仲舒又賦予陰陽有善惡之屬性，曰：

> 惡之屬盡為陰，善之屬盡為陽，陽為德，陰為刑，……陽，天之德，陰，天之刑也，陽氣暖而陰氣寒，陽氣予而陰氣奪，陽氣仁而陰氣戾，陽氣寬而陰氣急，陽氣愛而陰氣惡。（〈陽尊陰卑第四十三〉）

董仲舒依陰惡陽善又分為人之情性，建構了董仲舒的性仁情貪的人性說。

〔註 19〕馮友蘭《中國哲學史》（臺北：藍燈文化事業股份有限公司，1991.12）頁 56。
〔註 20〕李威熊《董仲舒與西漢學術》（臺北：文史哲出版社，1978.6）頁 64。

（三）天之意志

董仲舒所論的天是具有意志的主宰者，主掌人類社會、政治、倫理之次序與變化。

1. 新王改制，受命於天

《春秋繁露・楚莊王第一》曰：

> 今所謂新王必改制者，非改其道，非變其理，受命於天，易姓更王，非繼前王而王也，若一因前制，修故業，而無有所改，是與繼前王而王者無以別。受命之君，天之所大顯也；事父者承意，事君者儀志，事天亦然；今天大顯已，物襲所代，而率與同，則不顯不明，非天志，故必徙居處，更稱號，改正朔，易服色者，無他焉，不敢不順天志，而明自顯也。若夫大綱，人倫道理，政治教化，習俗文義盡如故，亦何改哉！

新王改制，治國之大綱，與習俗文化，皆承天志而成。

2. 人本於天，以承天志

《春秋繁露・為人者天第四十一》曰：

> 為生不能為人，為人者，天也，人之人本於天，天亦人之曾祖父也，此人之所以乃上類天也。人之形體，化天數而成；人之血氣，化天志而仁；人之德行，化天理而義；人之好惡，化天之暖清；人之喜怒，化天之寒暑；人之受命，化天之四時；人生有喜怒哀樂之答，春秋冬夏之類也。

人之所以為人，乃本於天。人之形體，乃化天數而來。人之德行，乃化天志與天理而來。人之喜怒哀樂，乃化天之四時。董仲舒認為天與人同類，人的一切可比於天，因此，人與天合而為一，人應承天志。

3. 災異譴告，以見天意

董仲舒曰：

> 天地之物，有不常之變者，謂之異，小者謂之災，災常先至，而異乃隨之，災者，天之譴也。異者，天之威也，譴之而不知，乃畏之以威。……凡災異之本，盡生於國家之失，國家之失乃始萌芽，而天出災害以譴告之；……以此見天意之仁，而不欲陷人也。（〈必仁且智第三十〉）

天因愛人,而以災異譴告人君國家之失,以災異以見天意。董仲舒是以符命及災異來強化天人感應的主張,讓政權的轉移合理化,並鼓勵國君施行仁政。

4. 聖人制名,天意所予

董仲舒曰:

> 名則聖人所發天意,不可不深觀也。受命之君,天意之所予也。(〈深察名號第卅五〉)

5. 法天之仁,以副天意

董仲舒曰:

> 天覆育萬物,既化而生之,有養而成之,事功無已,終而複始,凡舉歸之以奉人,察於天之意,無窮極之仁也。人之受命於天也,取仁於天而仁也。(〈王道通三第四十四〉)

6. 人性待教,天意以成

董仲舒曰:

> 天生民性有善質而未能善,於是為之立王以善之,此天意也。民受未能善之性於天,而退受成性之教於王,王承天意以成民之性為任者也。(〈深察名號第卅五〉)

人性由天而來,且未能盡善,天乃立王以教民。人性待教而善,亦天之意。

7. 愛怒哀樂,以取天道

董仲舒曰:

> 上下法此,以取天之道。春氣愛,秋氣嚴,夏氣樂,冬氣哀;愛氣以生物,嚴氣以成功,樂氣以養生,哀氣以喪終,天之志也。(〈王道通三第四十四〉)

8. 陰陽運行,以示天意

董仲舒曰:

> 天道大數,相反之物也,不得俱出,陰陽是也。春出陽而入陰,秋出陰而入陽,夏右陽而左陰,冬右陰而左陽::出則陽入,陽出則陰入,陰右則陽左,陰左則陽右,是故春俱南,秋俱北,而不同道;夏交於前,冬交於後,而不同理;並行而不相亂,澆滑而各持分,此之謂天之意。(〈陰陽出入第五十〉)

舉凡自然的運行，災異的降臨，人事的變化，甚至人的形體，無不與天相關，人也負載著天的使命。董仲舒的「天」沒有固定統一的涵義，它包含了自然的天、神靈的天與道德的天，賦予天絕對的威勢，然以天示君行仁政，示人重仁義，可見其用心。

三、性論

董仲舒曰：「性者，天質之樸也，善者，王教之化也。」(〈實性第卅六〉)引導出其性論的二層意義。

(一) 性者質也

董仲舒曰：

> 今世闇於性，言之者不同，胡不試反性之名？性之名，非生與。
> 如其生之自然之資，謂之性。性者，質也。(〈深察名號第卅五〉)

以為性是自然的本質，猶荀子所謂「性者，天之就也」(《荀子·性惡》)，與孟子所謂「人之有四端也，猶其有四體也」生而自然意義相同。也因為董仲舒說性是自然樸實的本質，所以，有學者直以「性質樸」來概稱董仲舒的人性觀。〔註21〕性是自然之質，然各家界定不同，因而有孟子「性善」之說；荀子「性惡」之說。在董仲舒對性之質的論述上，可從以下幾點說明。

1. 以陰陽分性情

董仲舒以「天生民性」、「人以副天」為基礎，以陰陽分性情。董仲舒所說的性，有廣義與狹義之分，廣義者泛指人性說，包含性與情；狹義者是指相對惰之性來說。他說：

> 天地之所生，謂之性情，性情相與為一瞑，……身之有性情也，若天之有陰陽也，言人之質而無其情，猶言天之陽而無其陰也。(〈深察名號第卅五〉)

人有性情如天之有陰陽，而性屬陽，陰屬情。

2. 以陰陽說善惡

董仲舒以「惡之屬盡為陰，善之屬盡為陽。陽為德，陰為刑。」(〈陽尊陰卑第四十三〉) 以陽為善，陰為惡。而在性屬陽，陰屬情的觀點上，則性為陽為善，情為陰為惡，故曰：

〔註21〕胡發貴〈試論董仲舒的人性論〉(《中山大學研究生學刊》1984年特刊號) 認為董仲舒的人性論是「性質樸」的一品說。

> 身之名取諸天，天兩，有陰陽之施，身亦兩，有貪仁之性。（〈深察
> 名號第卅五〉）

仁是善，為陽之屬性，是性的本質；貪是惡，為陰的屬性，即情的本質。依天
有陰陽，類人有善惡，故人之性同時具有仁貪的本質，則性為善惡相混。

3. 中民之性名性

基於「天兩，有陰陽之施，身亦兩，有貪仁之性」，董仲舒的人性說為性
善情惡的善惡混論，故只有「中民之性」才是董仲舒所指稱的性。他說：

> 今按聖人言中本無性善名，而有善人吾不得見之矣，使萬民之性皆
> 已能善，善人者何為不見也，觀孔子言此之意，以為善甚難當；而
> 孟子以為萬民性皆能當之，過矣。聖人之性，不可以名性，斗筲之
> 性，又不可以名性，性者，中民之性。（〈實性第卅六〉）

董仲舒詮釋孔子人性的看法，而對「上智與下愚不移」說歸類為上中下三等
人，而言聖人之性、斗筲之性、中民之性。也因如此，後人多以為董仲舒主張
「性三品」人性說。〔註22〕其實，以「聖人之性」為純善無惡；「斗筲之性」
為純惡無善，非董仲舒性善情惡的善惡混主張，故其曰「聖人之性，不可以
名性，斗筲之性，又不可以名性，性者，中民之性」。在董仲舒的觀點，「中民
之性」才是他所說人性的本質。

董仲舒曰：

> 天之道，終而複始，故北方者，天之所終始也，陰陽之所合別也。
> 冬至之後，陰俛而西入，陽仰而東出，出入之處，常相反也，多少
> 調和之適，常相順也，有多而無溢，有少而無絕，春夏、陽多而陰
> 少，秋冬、陽少而陰多，多少無常，未嘗不分而相散也，以出入相
> 損益，以多少相溉濟也。（〈陰陽終始第四十八〉）

董仲舒在此以陰陽相濟，多少損益來論四時的更替，然陰陽二氣在人為人之
性情，則陰陽之始終即決定人之性善情惡之合別。陰陽是出入損益，多少相

〔註22〕主張董仲舒之性分三品者，如：徐復觀《兩漢思想史‧卷二》（台灣：學生書
　　　　局，1989.9）頁406，曰：「除了他繼承強調教化的功用外，實際是把性分為上
　　　　中下三等。」羅光《中國哲學思想史‧兩漢、南北朝篇》（台灣：學生書局，
　　　　1978.8）頁207：「在〈實性篇〉裡，董仲舒卻又說性有三品，分聖人，中民，
　　　　斗筲。聖人之性為善，斗筲之性為惡，中民之性待教而為善。」姜國柱《論人‧
　　　　人性》（河北：海洋出版社，1988.7）頁61，曰：「董仲舒發揮了孔丘的『中人
　　　　以上，可以語上；中人以下，不可以語上』的思想，從而提出了性三品說。」

溉濟，陽為多時陰為少；陰為多時陽為少，二氣相互增減，沒有絕滅的情況。所以，於人之性情，則不會只有性善而無情惡，或只有情惡而無性善的情形。人之性善情惡也多少損益，故應無純善無惡的聖人之性，與純惡無善的斗筲之性，只存在著善惡相混的中民之性而已。

（二）待教而善

董仲舒曰：「性待漸於教訓，而後能為善；善，教訓之所然也，非質樸之所能至也，故不謂性。」（〈實性第卅六〉）人性是要靠後天的教化，才能成為善，也因此，董仲舒以教民為善作為君王治國的大本之一。而董仲舒之「性待教而善」說，有下列幾點重點：

1. 善質不等於善

董仲舒曰：

> 天生民有六經，言性者不當異，然其或曰性也善，或曰性未善，則所謂善者，各異意也。性有善端，動之愛父母，善於禽獸，則謂之善，此孟子之善。循三綱五紀，通八端之理，忠信而博愛，敦厚而好禮，乃可謂善，此聖人之善也。（〈深察名號第卅五〉）

董仲舒認為孟子以異於禽獸的「孩提之童無不愛其親」之愛父母，是性之善端，尚未能成為真正的善，真正可以稱為善的，是所謂指三綱五紀、忠信博愛、敦厚好禮之德行，不是指本質的存在，而是表現於外的善，故董仲舒又曰：

> 是故孔子曰：「善人，吾不得而見之，得見有常者，斯可矣。」由是觀之，聖人之所謂善，未易當也，非善於禽獸則謂之善也，使動其端善於禽獸則可謂之善，善奚為弗見也？……而謂萬民之性皆能當之，過矣。質於禽獸之性，則萬民之性善矣；質於人道之善，則民性弗及也。萬民之性善於禽獸者許之，聖人之所謂善者弗許，吾質之命性者，異孟子。孟子下質於禽獸之所為，故曰性已善；吾上質於聖人之所為，故謂性未善。（〈深察名號第卅五〉）

如果依照孟子以善於禽獸為善，則標準已很低了，為何孔子還要感嘆不見得善人？故董仲舒與孟子善的標準不同，孟子是「下質於禽獸」，指人的惻隱之心、羞惡之心、辭讓之心、是非之心等四端為善。董仲舒是「上質於聖人」，要能「從心所欲不逾矩」，是要合乎三綱五紀、忠信博愛、敦厚好禮之聖人行舉，以行為的結果來論善。孟子也承認有善端不一定會有善行，因此，在董仲舒來看，善質不能等於善。

董仲舒以人性具有陽善陰惡之質，但不是善的決定要素，董仲舒以米與禾作比喻，曰：

> 故性比於禾，善比於米；米出禾中，而禾未可全為米也；善出性中，而性未可全為善也。善與米，人之所繼天而成於外，非在天所為之內也。天之所為，有所至而止，止之內謂之天性，止之外謂人事，事在性外，而性不得不成德。民之號，取之瞑也，使性而已善，則何故以瞑為號？……性有似目，目臥幽而瞑，待覺而後見，當其未覺，可謂有見質，而不可謂見。今萬民之性，有其質而未能覺，譬如瞑者待覺，教之然後善。（〈深察名號第卅五〉）

將善質與善的關係比喻禾與米、目與見物的關係，禾待春礪才能為米；目須覺醒才能見物，性要待教而為善。

2. 王教化以成性

董仲舒強調教化才能將善端具體落實為實際的善，他說：

> 性如繭如卵，卵待覆而成雛，繭待繅而為絲，性待教而為善，此之謂真天。（〈深察名號第卅五〉）

人性具有善質，如果沒有後天的教化，則無從展現，故曰：

> 夫天令之謂命，命非聖人不行；質樸之謂性，性非教化不成；人欲之謂情，情非制度不節。是故王者上謹於天意，以順命也；下務明教化民，以成性也；正法度之宜，別上下之序，以防欲也。修此三者，而大本舉矣。（《漢書‧董仲舒傳‧天人三策》）

而誰具有教化的責任？依照天意乃為「王者」之責，也是天所以立王的原因，董仲舒又曰：

> 天生民性有善質而未能善，於是為之立王以善之，此天意也。民受未能善之性於天，而退受成性之教於王。王承天意以成民之性為任者也。今案其真質而謂民性已善者，是失天意而去王任也。（〈深察名號第卅五〉）

又曰：

> 性者，天質之樸也。善者，王教之化也；無其質，則王教不能化，無其王教，則質樸不能善，質而不以善性，其名不正，故不受也。（〈實性第卅六〉）

也因為人具有善質之性，王才能教化民為善。人具有善與王當教化之職責，

皆天之所命。

而王以何教化於民，董仲舒曰：

> 聖人之道，不能獨以威勢成政，必有教化，故曰：「先之以博愛，教
> 以仁也；難得者，君子不貴，教以義也。」……貴孝弟而好禮義，
> 重仁廉而輕財利，躬親職此於上而萬民聽，生善於下矣。故曰：「先
> 王見教之可以化民也。」此之謂也。(〈為人者天第四十一〉)

董仲舒亦秉儒家傳統，以仁義禮為教化的主要內容項目。但他不像孟子認為
有善端，「擴而充之」，則善端如「火之始然、泉之始達」，能成就一切。他認
為善質是人可以接受教化而變為善的可能，若人不具善質則再怎麼教化，終
無成善的可能性。而教者，《說文》曰：「上所施下所效也。」《國語·周語》
曰：「教，文之施也。」《禮記·學記》曰：「教也者，長善而救其失者也。」
而化者，《說文》曰：「化，教行也。」《周禮·大宗伯》曰：「以禮樂合天地之
化。」故「教化」主要是指上位者長期以禮樂規範來教育人民，強調的是外在
薰陶的效果。因此，董仲舒雖說人有善質，但不言啟發人之善質，成為實際
的善行，卻強調君王的外在長期的教化，以「外物之動性，若神之不守也，積
習漸靡物之微者也，其入人不知，習忘乃為常然若性」(〈天道施第八十二〉)，
使人民能有「循三綱五紀，通八端之理，忠信而博愛，敦厚而好禮」之善。故
「明教化民以成性」之性，乃長久習以仁義禮之後的成果，與《尚書·商書·
太甲上》之「習與性成」意義相同。

3. 以禮體情防亂

董仲舒對於性善的實現，則採教化之方式，而對情惡則以「人欲之謂情，
情非制度不節」，採節制的方法以防流於惡行。董仲舒又曰：

> 夫禮，體情而防亂者也。民之情不能制其欲，使之度禮，目視正色，
> 耳聽正聲，口食正味，身行正道，非奪之情也，所以安其情也。變
> 謂之情，雖持異物，性亦然者，故曰內也，變變之變，謂之外。故
> 雖以情，然不為性說，故曰外物之動性，若神之不守也，積習漸靡
> 物之微者也，其入人不知，習忘乃為常然若性，不可不察也。(〈天
> 道施第八十二〉)

主張以禮來體情而防亂。人之性情如天之陰陽不可滅絕，但情是爭亂的根源。
董仲舒治情欲的方法，不用孟子寡欲的方式，而以「體情」導欲。特別強調
「禮者，繼天地、體陰陽，而慎主客、序尊卑、貴賤、大小之位，而差外內、

遠近、新故之級者也。」（〈奉本第卅四〉）能完成社會次序等級制度，故以禮可以使情欲合理的發展。

四、心論

董仲舒對心的闡述，不如論性來得多，但還是可以歸結出其對心的一些看法。

（一）心是哀樂之氣

董仲舒曰：

> 人生於天，而取化於天，喜氣取諸春，樂氣取諸夏，怒氣取諸秋，哀氣取諸冬，四氣之心也。（〈王道通三第四十四〉）
> 心有哀樂喜怒，神氣之類也。（〈人副天數第五十六〉）

人取化於天，有喜、怒、哀、樂。而喜、怒、哀、樂乃以氣為元素變化而成，如春、夏、秋、冬之變動，亦是心的作用。因此，董仲舒認為心是氣所構成；且將人與物接產生的喜、怒、哀、樂之情感，直稱為心的作用，不同於在他之前《荀子·正名》：「性之好、惡、喜、怒、哀、樂，謂之情。」與《禮記·禮運》：「何謂人情？喜、怒、哀、懼、愛、惡、欲。」認為「喜、怒、哀、樂」是性之所發，並稱之為情。

董仲舒以心有喜、怒、哀、樂之四氣，亦基於其「天人相副」的觀點，他說：

> 天亦有喜怒氣，哀樂之心，與人相副，以類合之，天人一也。（〈陰陽義第四十九〉）
> 陰，刑氣也；陽，德氣也。陰始於秋，陽始於春。春之為言，猶偆偆也；秋之為言，猶湫湫也。偆偆者，喜樂之貌也，湫湫者，憂悲之狀也。是故春喜夏樂，秋憂冬悲，悲死而樂生。以夏養春，以冬藏秋，大人之志也。是故先愛而後嚴，樂生而哀終，天之當也。而人資諸天。天固有此，然而無所之如其身而已矣。（〈王道通三第四十四〉）

喜、怒、哀、樂的發用，即心之陰陽二氣相損益產生的結果，如天之陰陽二氣的替變形成春、夏、秋、冬之四時。因此，董仲舒以心同時具有陰陽二氣，與言性時，將性情分屬陽陰二氣有所不同。

（二）心統性善情惡

心兼具陰陽二氣，而「惡之屬盡為陰，善之屬盡為陽。陽為德，陰為刑。」

（〈陽尊陰卑第四十三〉）故心兼有善惡，即仁與貪兩種性質，董仲舒曰：

> 吾以心之名得人之誠，人之誠有貪有仁，仁貪之氣兩在於身。（〈深
> 察名號第卅五〉）

仁者即「性有善端，心有善質」（〈深察名號第卅五〉），與性之善質相同。貪者，即「故不仁不智而有材能，將以其材能以輔其邪狂之心」（〈必仁且智第三十〉）之邪狂之心，與情之惡相同。因此，以心具仁貪二氣，就是兼具性仁情貪之質，即心同時含有性與情，此當「心統性情」最早的思考。

（三）心是氣之主宰

董仲舒所謂的心是屬氣質之心，同時又是氣的主宰，其曰：

> 凡氣從心。心，氣之君也，何為而氣不隨也。（〈循天之道第七十七〉）

心能主宰氣的動向，此種關係，韋政通說：「心與氣是對立的，心是制者，氣是被制者。」〔註23〕將心與氣視為兩個絕對相反的關係。然心是氣，只是氣又隨心走，心與氣是以主從關係，呈現心的主宰作用。

（四）心有計慮作用

心又是認知、理智思辯的主體，董仲舒又曰：

> 心有計慮（〈人副天數第五十六〉）
>
> 內動於心志，外見於事情，修身審己，明善心以反道者也。（〈二端
> 第十五〉）

心有計算、志動以及明善的作用，故能理智辨別善惡。

董仲舒的心強調明善的認知作用，因此，是從道德中凸顯認知的作用。徐復觀以為「董氏的心，沒有從認知的方面顯出來，也沒有從道德方面顯出來，較之孟、荀都缺乏主宰的力量。」〔註24〕是因為董仲舒不似孟子強調心的道德性，或荀子主張心是虛壹而靜的認知心。董仲舒的心是結合具有善惡之道德性，與能明善的認知主體，而心認知作用是從道德中顯現。

（五）心是栣之主體

心有主宰氣之動向的功能，再結合心之計慮與明善的作用，則心會理智辨別善惡而栣惡，董仲舒曰：

> 栣眾惡於內，弗使得發於外者，心也。故心之為名栣也。人之受氣

〔註23〕韋政通《董仲舒》（臺北：東大圖書公司，1986.7）頁104。
〔註24〕徐復觀《兩漢思想史・卷二》（台灣：學生書局，1989.9）頁400。

苟無惡者，心何哉？（〈深察名號第卅五〉）

人受陰氣而為惡，而心能節制眾惡於內。

而心能框惡，董仲舒不忘賦予一個形上的根據，曰：

> 天有陰陽禁，身有情欲，與天道一也。是以陰之行不得干春夏，而
> 月之魄常厭於日光。乍全乍傷，天之禁陰如此，安得不損其欲而輟
> 其情以應天。天所禁而身禁之，故曰身猶天也。（〈深察名號第卅五〉）

人與天合為一，天任陽不任陰，故人當禁情惡與天相應。而在人身上，能完
成禁惡者，乃具主宰與認知之心。

（六）心的涵養工夫

心具有主宰與認知的功能，心之意向會影響行為的後果，因此心的把持
是不可忽視，董仲舒曰：

> 天之生人也，使人生義與利。利以養其體，義以養其心。心不得義
> 不能樂，體不得利不能安。義者心之養也，利者體之養也。體莫貴
> 於心，故養莫重於義，義之養生人大於利。（〈身之養重於義第卅一〉）

主張以義養心。董仲舒承認人有喜好安逸享樂的天性，也不排除適當的物質
需求，但強調內在心的修養比外在的享樂來的重要。而在眾利環視當中，能
使心「正其義而不謀其利，明其道而不計其功」，則考驗著心之意動，故「以
義養心」乃針對主宰心而發。然董仲舒「以義養心」之義，有別於孟子「非由
外鑠我」的內在本有的義，是「義外」的涵養工夫。

而對於認知心，董仲舒提出虛靜的修養工夫，曰：

> 故為君虛心靜處，聰聽其響，明視其影，以行賞罰之象。（〈保位權
> 第十二〉）

因為「靜心徐察之，其言可見矣。」（〈深察名號第卅五〉）以虛靜之心來明白
觀察事理，以達「天地神明之心」〔註25〕董仲舒以虛靜涵養認知心的觀點，

〔註25〕〈郊語第六十五〉：「天地神明之心，與人事成敗之真，固莫之能見也，唯聖
人能見之。」韋正通《董仲舒》（臺北：東大圖書公司，1986.7）頁 103，認
為「天地神明之心」在字面上似類於莊子「天府」、「靈臺」之心，然因「天
地神明之心」出現於〈郊語〉篇中，故具宗教意涵，與莊子所說「天府」、「靈
臺」意義不同。韋正通從董仲舒的「天地神明之心」而聯想到莊子的「天府」、
「靈臺」之心，有其特別的觀察力，然董仲舒的思想是以天為基礎而發展，
而天又具有宗教人格的特質，是一切事理的標準，故不可因「天地神明之心」
出現於〈郊語〉篇中，而直接斷言其涵義。董仲舒之心具有認知作用，也提

相類於荀子的「虛壹而靜」的認知心。

五、繼承與轉發

孟子、荀子從生活體驗的角度，來建構心性的本體地位，雖有其本體與生活密切關係的經驗性，然孟子的性善論，奠定了以人性為基礎的修養論，卻無法說明人性惡的產生問題。而荀子提出性惡論，卻沒有解釋人可以「化性起偽」的根據。這些孟子與荀子沒有理清的問題，董仲舒則吸收陰陽家思想，從宇宙生成論推演到心性論，將心性與天相結合，找尋出心性的形上根源，解答了孟子、與荀子所留下的疑惑。

而董仲舒心性思想在融合孟子與荀子的心性思想發展中，有幾點看似相通而實質上存在著根本的差異。

（一）繼承孟子與轉發

清代學者張皋文說董仲舒的心性論是「救世之論，與孟子并行不悖。」〔註26〕認為董仲舒與孟子之心性論的說法有相通之處，這也是許多學者的共同看法。然探討二人心性論之究竟，還是有其根本之不同。

1. 善質與善性

董仲舒曰：

> 人受命於天，有善善惡惡之性，可養而不可改，可豫而不可去，若形體之可肥，而不可得革也。（〈玉杯〉）
> 今善善惡惡，好榮憎辱，非人能自生，此天施之在人者也。（〈竹林〉）
> 天之為人性命，使行仁義而羞可恥，非若鳥獸然，苟為生，苟為利而已。（〈竹林〉）

人受命於天有異於禽獸之好善憎惡與行仁義之性，與孟子說人有「是非之心」與「羞惡之心」相同。其實，董仲舒以為人受天之陽氣之善外，還有得陰氣之施為惡，故同時具有善惡之質。而善質只是成為善的可能性，不似孟子曰：「有是四端而自謂不能者，自賊者也。」（《孟子・公孫丑上》）善性即是善的

　　出虛靜為認知心的涵養工夫，只是董仲舒沒有似莊子強調「靈臺」的精神境界。然「天地神明之心……唯聖人能見之」，則「天地神明之心」即代表「聖人」之心，也就是隱含著「最高境界」的涵義。在董仲舒來說，最完滿的「天地神明之心」即完全符合天之心。

〔註26〕凌曙注《春秋繁露・深察名號第卅五》引張皋文編修之語。

確定性。

董仲舒為了與孟子劃分善性的區別，還特別強調二人的標準不同，曰：

> 吾質之命性者異孟子。孟子下質於禽獸之所為，故曰性已善；吾上
> 質於聖人之所為，故謂性未善。善過性，聖人過善。(〈深察名號第
> 卅五〉)

因孟子是「下質於禽獸」，董仲舒是「上質於聖人」，造成二人善性的實質的
分歧。

2. 擴充與教化

孟子以善性為善的確定性，因此只要「凡有四端於我者，知皆擴而充之
矣，若火之始然、泉之始達。」(《孟子‧公孫丑上》)將善端擴而充之，則成
善。而董仲舒認為善質是人可以接受教化而變為善的可能，若人不具善質則
再怎麼教化，則終無成善的可能性，故曰：

> 性有善端，心有善質，尚安非善？應之曰：非也。繭有絲而繭非絲
> 也，卵有雛而卵非雛也。比類率然，有何疑焉。(〈深察名號第卅五〉)

強調沒有經過後天的教化，則善質無法成為「善以成性」。

董仲舒認為人具有陽善陰惡之質，人雖經過教化而善成，而人的惡質尚
在。故董仲舒對於修養的最高成果與標準，名為「善成」，而不說要成為純善
無惡之「聖人」，有別於孟子說「堯舜，性之也」(〈盡心上〉)、「聖人與我同類
者」(〈告子上〉)人人皆可成為堯舜之聖人。因此，在傳統儒家以「聖人」為
最高的行為標準〔註27〕，在董仲舒的心性立場上已有所改變了。

(二) 繼承荀子與轉發

1. 天人關係

作為人性的根源天，董仲舒與荀子都強調「明天人之分」，在天人關係上，
二人的觀點看是相似，但董仲舒是一個有意志的人格神的天，「天人相類」的
天人相分關係，但董仲舒與荀子對於天的涵義又有不同。荀子之天，是一個
無意志的自然天，荀子曰：

> 天行有常，不為堯存，不為桀亡。應之以治則吉，應之以亂則凶。
> 彊本而節用，則天不能貧；養備而動時，則天不能病；循道而不貳，

〔註27〕 筆者不說「最高的人格境界」，因為「境界」是一種表現的層次與特質，是不
　　　　能具體地斷其質與量，所以不能說董仲舒沒有「聖人境界」的想法。

則天不能禍。故水旱不能使之饑，寒暑不能使之疾，祅怪不能使之
凶。本荒而用侈，則天不能使之富；養略而動罕，則天不能使之全；
倍道而妄行，則天不能使之吉。故水旱未至而饑，寒暑未薄而疾，
祅怪未至而凶。受時與治世同，而殃禍與治世異，不可以怨天，其
道然也。故明於天人之分，則可謂至人矣。(《荀子‧天論》)

強調天人之分，但不否認天與人的關係，其曰：

不為而成，不求而得，夫是之謂天職。……天職既立，天功既成，
形具而神生。好惡、喜怒、哀樂臧焉，夫是之謂天情；耳、目、鼻、
口、形，能各有接而不相能也，夫是之謂天官；心居中虛，以治五
官，夫是之謂天君。(《荀子‧天論》)

肯定人的心、耳、目、鼻、口之感官，與惡、喜、怒、哀、樂之情，皆天所賦
予。因此，在荀子背離傳統天的道德、主宰的觀念時，並非完全放棄天的使
命，與神聖性，其曰：

聖人清其天君，正其天官，備其天養，順其天政，養其天情，以全
其天功。如是，則知其所為，知其所不為矣，則天地官而萬物役矣。
其行曲治，其養曲適，其生不傷，夫是之謂知天。(《荀子‧天論》)

認為聖人以「則知其所為，知其所不為」作為「知天」，與「全其天功」的方
法。所以荀子還是以「天」作為最高的標準與理想。荀子由天的自然意義而
展延出「性惡論」，即肯定人的努力可以改變自然結果，故其對人自我提升的
信心，比任何人都來的強烈。

董仲舒的天具有權威性與神聖性，並有降災異的職能，其曰：

天地之物，有不常之變者，謂之異，小者謂之災，災常先至，而異
乃隨之，災者，天之譴也，異者，天之威也，……凡災異之本，盡
生於國家之失，國家之失乃始萌芽，而天出災害以譴告之；譴告之，
而不知變，乃見怪異以驚駭之；驚駭之，尚不知畏恐，其殃咎乃至。
以此見天意之仁，而不欲陷人也。(《春秋繁露‧必仁且智》)

若有背天意者，則天將降災異以譴告之。天能賞善罰惡，亦以仁為心。人能
受教化與為善，也是相副天之仁心。

董仲舒與荀子在從天人關係，探討人性思想中人的作用上，二人都強調
人的能動性，主張以進取態度去「制天」或「應天」。

2. 「性」之界定

　　董仲舒曰：「如其生之自然之資，謂之性。性者，質也。」（〈深察名號第卅五〉）此話似荀子曰：

> 凡性者，天之就也，不可學，不可事。（《荀子・性惡》）
>
> 生之所以然者謂之性。（〈正名〉）
>
> 不事而自然謂之性。（〈正名〉）

二人用語相同，但性的內涵是有所不同。荀子說「天之所以然」的性，是指「生而有好利焉，順是，故爭奪生而辭讓亡焉；生而有疾惡焉，順是，故殘賊生而忠信亡焉；生而有耳目之欲，有好聲色焉，順是，故淫亂生而禮義文理亡焉。然則從人之性，順人之情，必出於爭奪，合於犯分亂理，而歸於暴。」（〈性惡〉）「性」是指感官本能、生理欲求和心理情緒等，將「性」、「情」、「欲」三者等同視之。

　　而董仲舒之「性者，質也」乃「身之名取諸天，天兩，有陰陽之施，身亦兩，有貪仁之性。」（《春秋繁露・深察名號第卅五》）得天之陰陽而有善惡之質。所以，在人性的本質上，董仲舒較荀子認為人多了善的質性。然董仲舒又強調「性者，天質之樸也，善者，王教之化也」（《春秋繁露・實性第卅六》），故陽善陰惡之質，不等於善，要經過後天的教育與開發，才可真正落實於倫理的善。而荀子的性本身就是惡，順著惡性發展就是惡的表現。

3. 化性為善

　　董仲舒承認人有善端，然在修養工夫上，卻不講孟子所謂「擴充善端」，而強調後天的教化。此為學工夫較接近荀子的「化性起偽」的說法。

　　董仲舒與荀子都講後天努力學習的重要，但因二人對人性本質的界定不同，則他們教化的切入點不同。荀子基於性惡的觀點，說「化性起偽」亦在矯正惡性達於善。董仲舒則著重人有善質，待教而善。董仲舒雖認為人性也惡質，但針對此問題較少論述。董仲舒較關注發展善質方面，還是歸根於「天生民性有善質而未能善，於是為之立王以善之，此天意也」（《春秋繁露・深察名號第卅五》）天的權威性。

第二節　劉向之心性論

一、劉向生平

　　劉向（西元前 79～前 8）字子正，本名更生。其先祖劉交乃漢高祖劉邦

弟，封楚元王，「好書，多才藝」〔註28〕。向父劉德「修黃老術，有智略……
常持《老子》知足之計」〔註29〕。劉向之思想受家庭學術影響很大，其「為
人簡易，無威儀，廉靖樂道，不交接世俗，專積思於經術，晝誦書傳，夜觀星
宿，或不寐達旦。」〔註30〕宣帝時，為諫大夫。元帝時，任宗正。以反對宦
官弘恭、石顯下獄，旋得釋。後又以反對恭、顯下獄，免為庶人。成帝即位
後，得進用，任光祿大夫，改名為「向」，官至中壘校尉。成帝河平三年（西
元前26）奉命領校秘書，〔註31〕其「每一書已，向則條其篇目，撮其指意，
錄而奏之。」〔註32〕，《別錄》即此項工作成果的會集，〔註33〕是目錄學上的
重要著作，然此著作宋代已經不傳。

　　《漢書・藝文志》著錄「劉向所序六十七篇。」顏師古注曰：「《新序》、
《說苑》、《列女傳頌圖》也。」《漢書・楚元王傳》中載曰：「向睹俗彌奢淫，
而趙、衛之屬起微賤，逾禮制。向以為王教由內及外，自近者始。故採取《詩》、
《書》所載賢妃貞婦，興國顯家可法則，及孽嬖亂亡者，序次為《列女傳》，
凡八篇，以戒天子。及采傳記行事，著《新序》、《說苑》凡五十篇奏之。數上
疏言得失，陳法戒。書數十上，以助觀覽，補遺闕。」可知，劉向編撰《新
序》、《說苑》、《列女傳》時，具有強烈的政治諷喻作用。

　　《說苑》一書，遍采群籍，上自先秦，下至漢之間的典籍及雜著如《左
傳》、《國語》、《荀子》、《晏子春秋》、《史記》等，其中所引史事多達數百條。
徵引繁富，分類纂輯，共二十篇。其以儒家思想為核心，探討政治之本，與
君臣為政之道。《四庫全書總目》推崇《說苑》曰：「議論醇正，不愧儒宗。」
〔註34〕又曰：「皆錄遺聞佚事足為法戒之資者，其例略如《詩外傳》。」〔註35〕

〔註28〕 班固《漢書・楚元王傳・劉向》
〔註29〕 班固《漢書・楚元王傳・劉向》
〔註30〕 班固《漢書・楚元王傳・劉向》
〔註31〕 班固《漢書・成帝紀》
〔註32〕 班固《漢書・藝文志》
〔註33〕 袁詠秋、曾季光主編《中國歷代圖書著錄文選》（北京：北京大學出版社，1995）
　　　　頁178，引阮孝緒《七錄序》曰：「昔劉向校書，輒為一錄，論其指歸，辨其
　　　　訛謬，隨竟奏上，皆載在本書，時又別集眾錄，謂之《別錄》；即今之《別錄》
　　　　是也。」又參考鄧駿捷〈劉向《別錄》的成書與體例新論〉（《學術交流》2002，
　　　　第5期）所載《別錄》應由其子劉歆把散存各書的「敘錄」彙集起來的成果。
〔註34〕 《四庫全書總目・子部儒家類》（北京：中華書局，1965.6）頁772。
〔註35〕 《四庫全書總目・子部儒家類》（北京：中華書局，1965.6）頁772。

與《韓詩外傳》相較。《韓詩外傳》主要是「引《詩》以證事」〔註36〕，也就是將諸子傳記所記之事、言，分類後附以《詩經》或孔子等人之語，以證該類之事與言，符合所附《詩經》或孔子等人之語句旨意，因此，《韓詩外傳》所載之傳記，與《詩》存在一種明顯的比附關係。而《說苑》是以儒家人倫大則為類，如君道、臣術、建本、立節、貴德、政理、尊賢、正諫等，類下所屬之經文與諸子傳記，沒有相證關係，全為類目所貫穿，共同闡明類目之義蘊。也是劉向另一部書《新序》的編撰之體例與主旨。

有關《新序》一書，《隋書·經籍志》曰：「《新序》三十卷，錄一卷。」今僅存十卷。宋高似孫評《新序》、《說苑》曰：「正綱紀，迪教化，辨邪正，黜異端，以為漢規監者盡在此書。」〔註37〕晁公武謂劉向曰：「采傳記行事，百家之言，刪取正辭美義可勸戒者為《新序》。」〔註38〕與《說苑》同，為藉儒家思想，諫君戒世為主旨。後來桓譚作《新論》，乃受《新序》影響。〔註39〕

《列女傳》同《說苑》、《新序》，都是劉向受命校書時，依據典籍編撰而成的歷史故事集。《列女傳》是我國最早的婦女專史，成為我們瞭解古代婦女社會生活與精神面貌的重要典籍。《列女傳》的體裁，在古代就有不同的看法。班固《漢書·藝文志》將其歸為諸子儒家類。《隋書·經籍志》曰：「劉向典校經籍，始作《列仙》、《列士》、《列女》之傳，皆因其志尚，率爾而作，不在正史。」將其歸入史部雜傳類。《舊唐書·經籍志》曰：「雜傳，以紀先聖人物。」將《列女傳》歸入史部雜傳類。《新唐書·藝文志》曰：「劉向《列女傳》十五卷，曹大家注。」將其列入史部雜傳類。《宋史·藝文志》將它歸入史部傳記類。《四庫全書總目》曰：「古列女傳七卷，續列女傳一卷。」將其歸於史部傳記類。而現代學者有將《列女傳》列為寫實的史傳的，如：張慧禾〈中國女性類傳的發物之作──劉向《列女傳》的傳記意義〉中，曰：「劉向勇敢地承擔起了『以史為鑒』的歷史責任，編撰了《列女傳》，它離史獨立，開創了雜傳體。《列女傳》的出現標誌著漢代在史傳以外，以類傳形式單獨成書的一種新

〔註36〕《四庫全書總目·經·詩》（北京：中華書局，1965.6）頁136。
〔註37〕見趙善詒《新序疏證》（上海：華東師範大學出版社，1985.2）頁638，引高似孫《子略》之語。
〔註38〕見趙善詒《新序疏證》（上海：華東師範大學出版社，1985）頁320，引晁公武《郡齋讀書記》之語。
〔註39〕唐房玄齡、諸遂良等奉敕撰《晉書·陸喜傳》（北京：中華書局，1974）頁1486，曰：「劉向省《新語》而作《新序》，桓譚詠《新序》而作《新論》。」

傳體的誕生，這就是雜傳體。從此開始了我國歷史傳記中正史列傳和雜傳珠聯璧合的歷程。」〔註 40〕或列為小說者，如：戴紅賢《劉向書與中國前小說的形態特徵》曰：「劉向書呈現出一種亦子亦史又非子非史的形態。〔註 41〕……頗有小說意。」或兼具史傳與小說者，如：張濤曰：「《列女傳》不僅同《史記》等史傳著作一起通過選擇材料進行典型概括，在塑造人物、編撰故事等方面，為古代小說提供了某些內容和形式，提供了最重要的文學背景，而且它本身的某些篇章就已具備了小說的雛形。」〔註 42〕

　　又《漢書・楚元王傳・劉向》載成帝時詔劉向領校中五經祕書時，「向見《尚書・洪範》，箕子為武王陳五行陰陽休咎之應。向乃集合上古以來歷春秋六國至秦漢符瑞災異之記，推跡行事，連傳禍福，著其占驗，比類相從，各有條目，凡十一篇，號曰《洪範五行傳論》，奏之。」言劉向推陰陽說災異，撰有《洪範五行傳論》。而《漢書・藝文志》著錄「劉向《五行傳記》十一卷。」而「從卷數相同，又都論說五行等因素來看，《洪範五行傳論》與《五行傳記》很可能是一書兩名。」〔註 43〕然此二書均已亡佚，今所見之內容，保存於《漢書・五行志》中。《洪範五行傳論》之主要內容，是列舉西周幽王二年（西元前 780）至西漢成帝元延元年（西元前 12）之間的災異與符瑞，使統治者有所警惕。劉繼訓〈劉向陰陽五行學說初探〉一文，評此著作「是一部記載災異和『天人感應』思想的百科全書。」〔註 44〕梁啟超則曰：「春秋戰國以前，所謂陰陽，所謂五行，其語甚罕見，其義極平淡，且此二者從未嘗並為一談。……而建設之，傳播之，宜負其罪者三人焉，曰鄒衍，曰董仲舒，曰劉向。」〔註 45〕梁啟超雖以「罪」稱，但在漢代陰陽五行學說的興起與發展上，劉向確實居有重要的作用。

〔註 40〕張慧禾〈中國女性類傳的發物之作──劉向《列女傳》的傳記意義〉（《浙江師大學報》，1998，第五期）

〔註 41〕戴紅賢《劉向書與中國前小說的形態特徵》（《四川師範大學學報》，1997，第一期）

〔註 42〕張濤《劉向列女傳思想與學術價值簡論》（《徐州師範學院學報》1994，第一期）

〔註 43〕引自劉繼訓〈劉向陰陽五行學說初探〉（《孔子研究》，2002，第一期）

〔註 44〕劉繼訓〈劉向陰陽五行學說初探〉（《孔子研究》，2002，第一期）

〔註 45〕見於顧頡剛等編《古史辨・第五冊・陰陽五行說之來歷》（上海：古籍出版社，1982）

二、心性論之根源──陰陽

王充《論衡・本性篇》提到劉向言性情與陰陽的關係，曰：「劉子政曰：『性，生而然者也，在於身而不發。情，接於物而然者也，形於外。形外，則謂之陽，不發者，則謂之陰。』」以陰、陽來對應性、情，作為未發與已發之關係。雖在劉向現存的作品中，未見劉向言及性情與陰陽的關係，然以其曰：「夫天地有德，合則生氣有精矣；陰陽消息，則變化有時矣。時得而治矣，時得而化矣，時失而亂矣。……陰窮反陽，陽窮反陰，故陰以陽變，陽以陰變。……不肖者精化始至，而生氣感動，觸情縱欲，故反施亂化。」（《說苑・辨物》）以為天地一切的情狀，都是陰陽二氣變化的結果，因此，人之性情，亦離不開陰陽的變化作用陰陽，故陰陽可作為劉向心性論的根源。

劉向的陰陽概念乃繼承《周易》，曰：

> 夫占變之道，二而已矣。二者陰陽之數也，故易曰：「一陰一陽之謂道，道也者，物之動莫不由道也。」是故發於一，成於二，備於三，周於四，行於五；是故玄象著明，莫大於日月；察變之動，莫著於五星。天之五星運氣於五行，其初猶發於陰陽，而化極萬一千五百二十。（《說苑・辨物》）

陰陽二氣交互，運行變化，生成宇宙萬物，故陰陽是宇宙萬物生成的基礎。又《漢書・五行志》載：

> 劉向以為週三月，今正月也，當雨水，雪離雨，雷電未可以發也。既已發也，則雪不當復降。皆失節，故謂之異。於易，雷以二月出，其卦曰豫，言萬物隨雷出地，皆逸豫也。以八月入，其卦曰歸妹，言雷復歸。入地則孕毓根核，保藏蟄蟲，避盛陰之害；出地則養長華實，發揚隱伏，宣盛陽之德。入能除害，出能興利，人君之象也。劉向以為今十月，周十二月。於易，五為天位，為君位，九月陰氣至，五通於天位，其卦為剝，剝落萬物，始大殺矣，明陰從陽命，臣受君令而後殺也。今十月隕霜而不能殺草，此君誅不行，舒緩之應也。

劉向引孟喜「卦氣說」〔註46〕，言陰陽消長，影響天地萬物、人事的變化。

〔註46〕「卦氣說」首創於孟喜。「卦」是指六十四卦，「氣」是指陰陽二氣及其運行所形成的四時節氣變化。孟喜的「卦氣說」主要以六十四卦解說一年節氣的變化，進而推斷人事吉凶。

故陰陽是天地事物變動的基礎。

劉向又發揮《易傳》之天尊地卑的觀點，曰：

> 陽者陰之長也，其在鳥則雄為陽，雌為陰，在獸則牡為陽而牝為陰；
> 其在民則夫為陽而婦為陰，其在家則父為陽而子為陰，其在國則君
> 為陽而臣為陰。故陽貴而陰賤，陽尊而陰卑，天之道也。（《說苑‧
> 辨物》）

以陽尊陰為卑，來對應雄為陽而陰為雌；夫為陽而婦為陰；父為陽而子為陰；
君為陽而臣為陰。為後來《白虎通義》曰：「火者，陽也，尊，故上；水者，
陰也，卑，故下。」（〈京師〉）「陽唱陰和，男行女隨也。」（〈天地〉）以陽為
尊，陰為卑，陽居於主導地位，陰是附和隨行角色思想的繼承。而當「陰窮
反陽，陽窮反陰，故陰以陽變，陽以陰變」，陰陽二氣是交互消長的運動
方式。但劉向只賦予陰陽有尊卑定位問題，沒有善惡道德意義。

三、心性論

（一）性陰情陽

劉向性情之根源的說法，是出於王充對其人性思想的評論，王充曰：

> 夫子政之言，謂性在身而不發。情接於物，形出於外，故謂之陽；
> 性不發，不與物接，故謂之陰。夫如子政之言，乃謂情為陽、性為
> 陰也；不據本所生起，苟以形出與不發見定陰陽也。必以形出為陽，
> 性亦與物接，造此必於是，顛沛必於是。惻隱，不忍；不忍，仁之
> 氣也。卑歉辭讓，性之發也。有與接會，故惻隱卑謙，形出於外。
> 謂性在內不與物接，恐非其實。不論性之善惡，徒議外內陰陽，理
> 難以知。且從子政之言，以性為陰，情為陽，夫人稟情，竟有善惡
> 不也？（《論衡‧本性》）

王充言劉向以性為陰，情為陽，說明了劉向性情的形上根據，然卻又說「不
據本所生起」，沒有解決根本問題。在王充來說，此根本問題是有關心性的善
惡根源。因為劉向以性情對應陰陽，是論及二者的關係，即已發與未發關係，
並未涉及道德善惡問題。而劉向以「陽尊陰卑」的關係定位，說「性陰情陽」，
即掌握了劉向對性情二者關係的看法，與有關心性的問題。

根據王充曰：「劉子政曰：『性，生而然者也，在於身而不發。情，接於物
而然者也，形於外。形外，則謂之陽，不發者，則謂之陰。』」則劉向認為性

是生來具有，存於體內，不與外物接觸，處於未發的靜止狀態，屬陰。而情是與外物接觸後，表現於行外的已發狀態，屬陽。後來，荀悅《申鑒·雜言下》清楚說明瞭劉向之性情關係，曰：

> 劉向曰：「性情相應，性不獨善，情不獨惡」。曰：「問其理？」曰：「性善則無四凶；性惡則無三仁；人無善善惡，文王之教一也，則無周公、管蔡；性善情惡而下愚挾善也。」理也，未究矣，唯向言為然。

言劉向所謂性情是相應關係，故性是情之未發狀態，而情是性之已發，表現於外之狀態。也因此，性不獨善，情不獨惡。

而劉向以「性」陰「情」陽，並在陽尊陰卑的價值取向中，其已存在著「情」的重要決定性角色觀點，故曰：

> 有血氣心知之性，而無哀樂喜怒之常，應感起物而動，然後心術形焉。(《說苑·雜言》)
>
> 人之善惡，非性也，感於物而後動，是故先王慎所以感之。(《說苑·修文》)

人生來就有血氣心智等內在本質，不具有善惡的分別。當心與物相接而動，則有心計，「感於善則善，感於惡則惡」(《列女傳·周室三母》)，則有善惡之別，因此，古聖先賢謹慎於動心、起念。故劉向視「情」決定心性善惡的關鍵，當慎動起念。

(二)善質不等於善

劉向關於人性善惡的問題，沒有一定的說法，所以，後人有不同的詮釋，如：徐復觀認為劉向主張性善情惡，曰：

> 按《論語》以「德行」二字連詞，故德亦有行義；「欲善其德」，即「欲善其行」。欲善其行。而繫出於人性之要求，則劉氏實亦以性為善。從〈建本篇〉「學者所以反情治性盡己才者也」的話來觀察，則他承董仲舒的影響，大概認為性善而情惡，所以「反情」即所以治性。〔註47〕

徐復觀根據劉向說「凡人之性，莫不欲善其德」(《說苑·修文》)、「學者所以反情治性盡己才者也」二語，認為與董仲舒相同，皆主張性善情惡。其實，「欲善」只是一種意念狀態，與「行善」落於實踐，尚有實際行動的一段距

〔註47〕徐復觀《兩漢思想史·卷三》(臺北：台灣學生書局 1993.9) 頁 69。

離。當然，意念是付諸實踐的重要因素，沒有「欲善」則無「善行」的結果，但二者不能等同，也因此，劉向才要說「人之善惡，非性也，感於物而後動」，提醒謹慎動心起念的作用。故「人之性，莫不欲善其德」只能說是人皆有向善之心，尚不屬於性善的說法。

吳全蘭〈試論劉向的人生哲學〉則認為劉向主張性善惡皆混，曰：

> 在劉向看來，無論是聖人還是一般人，就其個體而言，既有善性又
> 有惡性。這一提法的意義在於，它不僅突出了人們自我修養的必要
> 性，而且基於所有人都具有善惡兩面性的內在依據，顯示出自我修
> 養的可行性。〔註48〕

認為劉向主張性善惡混，主要是顯是自我修養，改善人性的可行性。同樣認為劉向心性的重點，在於人性的改善問題上，還有李沈陽，曰：

> 劉向沒有明確指出人性的善惡問題，他思想中的人性，毋寧說處於
> 一種既可以向善又可以為惡的狀態，具有極大的可塑性，他人性論
> 的重點是分析如何改善人性的問題。〔註49〕

而李沈陽不似吳全蘭給劉向下一個性善惡混的定論，而言「可以向善又可以為惡的狀態」，認為人性有向善的取向，並且說：「根據現有的資料，我們很難對劉向性情相應說的起源作出確切的解釋。」〔註50〕

雖從現有的資料，無法直接說明劉向之人性善惡的看法，而從其旁徵前人的言論，或王充引述劉向的話中，還是可以窺探出其對人性善惡的觀點。（1）王充《論衡·本性》曰：

> 孫卿有反孟子，作《性惡》之篇，以為人性惡，其善者偽也。性惡者，
> 以為人生皆得惡性也。偽者，長大之後，勉使為善也。……劉子政非
> 之曰：「如此，則天無氣也。陰陽善惡之相當，則人之為善安從生？」

從王充所引劉向反駁荀子性惡論的說法來看，劉向主張有善的根源，才會產生善的作為。（2）《新序·雜事》引《呂氏春秋》曰：「故凡學非能益之也，違天性也，能全天之所生而勿敗之，可謂善學者矣。」認為後天的學習，是無法令人增加甚麼，能夠保全天生之所有而勿失，就是好的學習。故人天生就有善之質。（3）《新序·雜事》記述《左傳·襄公十三年》載楚共王臨死

〔註48〕吳全蘭〈試論劉向的人生哲學〉（《信陽師範學院學報》，2004.2）
〔註49〕李沈陽《漢代人性論研究》（華中師範大學，博士論文，2008.8）頁53。
〔註50〕李沈陽《漢代人性論研究》（華中師範大學，博士論文，2008.8）頁52。

前自感慚愧，要臣下給予惡諡之事，並曰：「曾子曰：『鳥之將死，其鳴也哀；人之將死，其言也善。』言反其本性，共王之謂也。孔子曰：『朝聞道，夕死可矣。』於以開後嗣，覺來世，猶愈沒世不寤者也。」劉向引曾子與孔子的話，並評共公臨死的反省精神為「反其本性」，乃回復人之本性的表現。故人之本性為善。（4）《說苑·修文》說明樂的成因，與樂移風易俗的作用，曰：

> 樂者，聖人之所樂也，而可以善民心，其感人深，其移風易俗，故先王著其教焉。……是故先王本之情性，稽之度數，制之禮義；含生氣之和，道五常之行，使陽而不散，陰而不密，剛氣不怒，柔氣不懾；四暢交於中，而發作於外，皆安其位，不相奪也。……是故君子反情以和其志，比類以成其行，奸聲亂色，不習於聽，淫樂慝禮，不接心術，惰慢邪辟之氣，不設於身體；使耳目鼻口心智百體，皆由順正以行其義，然後發以聲音，文以琴瑟，動以干戚，飾以羽旄，從以簫管；奮至德之光，動四氣之和，以著萬物之理。……德者性之端也，樂者德之華也，金石絲竹，樂之器也。詩言其志，歌詠其聲，舞動其容，三者本於心，然後樂器從之；是故情深而文明，氣盛而化神，和順積中而英華發外，惟樂不可以為偽。樂者，心之動也，聲者，樂之象也，文采節奏，聲之飾也。君子之動本，樂其象也，後治其飾，……是故情見而義立，樂終而德尊，君子以好善，小人以飭過，故曰生民之道，樂為大焉。

此段文句，有點項要點：第一，樂是先王本其情性，或君子反情和其志，而制。第二，樂是本於人之心志而表達出來的。第三，先王與君子所制之樂，能與人之心術相接，且能發揚道德之光輝，牽動和氣，表現萬物之理。第四，樂能使君子好善，小人飭過。由此可知，樂是人心志的表達，是善的呈現。或許是因為先王與君子之情性是善，所制之樂則合於善，若是如此，則先王與君子所制之樂，當合於先王與君子之心而已，然樂亦可使小人飭過，應亦合於小人之本心，故能「情見而義立」而遷善。又劉向言「君子反情以和其志」而制樂，強調君子回復其本來之情性後才制樂，換言之，要經過「反情」的工夫才能為君子，即劉向曰：「學者所以反情治性盡才者也。」（《說苑·建本》）故人之情性，本為善。（5）《說苑·建本》引《論語》曰：

> 子路曰：「南山有竹，弗揉自直，斬而射之，通於犀革。又何學為

> 乎？」孔子曰：「括而羽之，鏃而砥礪之，其入不益深乎？」子路拜
> 曰：「敬受教哉！」

子路以竹子比喻人已存在之本質，孔子則說明學習可以讓人的自然之質發展，即「學所以益才也，礪所以致刃也。」（《說苑‧建本》）劉向強調的是學習可以使自然之質發揮，而不是改變自然之本質，如孟子之性善，當擴而充之，始能發揮善性，因此，劉向所謂自然之質是善的存在。

以上幾點觀之，劉向是主張性善論，然其不言性善，而曰：「人之善惡，非性也，感於物而後動，是故先王慎所以感之。」其關心的是善性是否能真正實踐的問題，故亦曰：「反常移性者欲也，故不可不慎也。」（《說苑‧雜言》）劉向承認人有善的本質，但須待學習才能發展出來，是繼承董仲舒曰：「性待漸於教訓，而後能為善；善，教訓之所然也，非質樸之所能至也，故不謂性。」（《春秋繁露‧實性》）善質不等於善，待教而善的思想。

（三）學以反情治性

劉向認為人之善質不等於善，須待學習而善，故特別重視學習的修養工夫，其曰：

> 凡善之生也，皆學之所由。……孔子家兒不知罵，曾子家兒不知怒，
> 所以然者，生而善教也。（《說苑‧雜言》）

好的教育與學習，能端正行為。又曰

> 昔者堯舜桀紂俱天子也，堯舜自飾以仁義，雖為天子，安於節儉……
> 至今數千歲，天下歸善焉。桀紂不自飾以仁義……身死國亡，為天
> 下笑，至今千餘歲，天下歸惡焉。（《列女傳‧齊宿瘤女》）

劉向借齊宿瘤女之口說堯舜的善與桀紂的惡，是因為有否藉仁義自我修養的結果。

劉向曰：「夫學者，崇名立身之本也，儀狀齊等，而飾貌者好；質性同倫，而學問者智。」（《說苑‧建本》）學習能增長智慧，「為窮而不困也，憂而志不衰也，先知禍福之始而心不惑也」（《說苑‧建本》），及端正品行。若「人才雖高，不務學問，不能致聖」（《說苑‧建本》），故「學者所以反情治性盡才者也，親賢學問，所以長德也。」（《說苑‧建本》）

劉向又曰：

> 人之幼稚童蒙之時，非求師正本，無以立身全性。夫幼者必愚，愚
> 者妄行，愚者妄行，不能保身。……故善材之幼者，必勤於學問，

以修其性。(《說苑‧建本》)

子年七歲以上，父為之擇明師，選良友，勿使見惡，少漸之以善，
使之早化。(《說苑‧建本》)

主張學習當從孩童時就開始。孩童時期雖幼稚蒙昧，但少受習染，其善質保
存較多，為人家長者當為其擇明師，選良友，勿使見惡，而長德。又曰：

少而好學，如日出之光；壯而好學，如日中之光；老而好學，如炳
燭之明；炳燭之明，孰與昧行乎！(《說苑‧建本》)

劉向記師曠的話，主張學習從孩童開始，一直到老年，即終生都需要學習。

第三節　嚴遵之心性論

一、嚴遵生平及其著述

嚴遵，字君平，本姓莊，班固撰《漢書》時為了避諱東漢明帝劉莊之名，
則改莊為嚴。《漢書‧王貢兩龔鮑傳》曰：

蜀有嚴君平，皆修身自保，非其服弗服，非其食弗食。成帝時，元
舅大將軍王鳳以禮聘子真，子真遂不人出而終。君平卜筮於成都市，
以為：「卜筮者賤業，而可以惠眾人。有邪惡非正之問，則依蓍龜為
言利害。與人子言依於孝，與人弟言依於順，與人臣言依於忠，各
因勢導之以善，從吾言者，已過半矣。」裁日閱數人，得百錢足自
養，財閉肆下簾而授《老子》。博覽亡不通，依老子、嚴周之指著書
十餘萬言。楊雄少時從遊學，以而仕京師顯名，數為朝廷在位賢者
稱君平德。杜陵李強素善雄，久之為益州牧，喜謂雄曰：「吾真得嚴
君平矣。」雄曰：「君備禮以待之，彼人可見而不可得詘也。」強心
以為不然。及至蜀，致禮與相見，卒不敢言以為從事，乃歎曰：「楊
子雲誠知人！」君平年九十餘，遂以其業終，蜀人愛敬，至今稱焉。
及雄著書言當世士，稱此二人。其論曰：「或問：君子疾沒世而名不
稱，盍勢諸名卿可幾？曰：君子德名為幾。梁、齊、楚、趙之君非
不富且貴也，惡虖成其名！穀口鄭子真不詘其志，耕於巖石之下，
名震於京師，豈其卿？豈其卿？楚兩龔之絜，其清矣乎！蜀嚴湛冥，
不作苟見，不治苟得，久幽而不改其操，雖隨、和何以加諸？舉茲
以旃，不亦寶乎！」

嚴遵生卒年不詳，大約生活於西漢成帝年間。其人品性高潔，揚雄少時就曾師從於他。揚雄在《法言·問明》中曾述其對嚴遵之敬慕，曰：「蜀莊之才之珍也，不作苟見，不治苟得，久幽而不改其操，雖隋、和何以加諸舉茲以旅，不亦珍乎吾珍莊也，居難為也。」《三國志》載「後商為嚴君平、李弘立祠，宓與書曰：『疾病伏匿，甫知足下為嚴、李立祠，可謂厚黨勤類者也。觀嚴文章，冠冒天下，由、夷逸操，山嶽不移，使揚子不歟，固自昭明。』」〔註51〕將嚴遵與孔子並提。《華陽國志》記載嚴遵「雅性澹泊，學業加妙，專精大《易》，耽於《老》、《莊》。常卜筮於市，假蓍龜以教。與人子卜，教以孝；與人弟卜，教以悌；與人臣卜，教以忠。於是風移俗易，上下慈和。日閱得百錢，則閉肆下簾，授《老》、《莊》。著《指歸》，為道書之宗。」〔註52〕嚴遵終身不仕，崇尚清靜自然。

　　《老子指歸》是詮釋、闡發《老子》宗旨的著作。書之名稱，歷來有不同的變化，如：《老子指歸》、《道德指歸》、《道德指歸論》、《道德經指歸》、《道德真經指歸》。卷數有 7、11、13、14 等不同說法。〔註53〕自宋以後，《老子指歸》部分開始遺失，至今，僅留存關於《德經》的七卷，收入《道藏》中，題為《道德真經指歸》。〔註54〕明代沈士龍題《道德指歸》曰：

> 大抵旁該六合，內窮萬情，測陰陽之用，觀物類之變，以歸合於玄同。〔註55〕

〔註51〕晉陳壽《三國志·蜀書·秦宓傳》（北京：中華書局，1959）頁973。晉常璩《華陽國志·蜀郡士女》謂嚴遵「著《指歸》，為道書之宗。」《隋書·經籍志》曰：「《老子指歸》十一卷，嚴遵注。」唐陸德明《經典釋文·序錄》載：「《老子》嚴遵注二卷，又《老子指歸》十四卷。」《舊唐書·經籍志》記：「《老子指歸》十四卷。嚴遵志。」皆謂嚴遵作《老子指歸》。

〔註52〕晉常璩《華陽國志·蜀郡士女》（四部叢刊初編史部，臺北：臺灣商務印書館，1975.6）頁73。

〔註53〕清末唐鴻學《指歸跋》曰：「右漢嚴君平《道德真經指歸》七卷。」（引自於王德有《老子指歸譯注·附錄三》，北京：商務印書館，2004.12）《隋書·經籍志》（北京：中華書局，1973）頁1000，曰：「《老子指歸》十一卷」宋晁公武《郡齋讀書志》曰：「《老子指歸》十三卷。」（引自於王德有《老子指歸譯注·附錄三》，頁154）清錢曾《讀書敏求記》曰：「嚴君平《道德指歸論》七卷至十三卷。《谷神子序》曰：『《道德指歸論》，陳隋之際已逸其半，今所存者只《論德篇》。』」（引自於王德有《老子指歸譯注·附錄三》，頁157）《新唐書·藝文志》（北京：中華書局，1975）頁1515，曰：「嚴遵《指歸》十四卷。」

〔註54〕今天流傳下來的《老子指歸》尚有「六卷本」又稱胡震亨本，題為《道德指歸論》，收入於《秘冊匯函》、《津逮秘書》、《學津討原》、《叢書集成初編》中。

〔註55〕引自於王德有《老子指歸譯注·附錄三·序跋提要》（北京：商務印書館，2004.12）

明劉鳳《嚴君平道德指歸序》曰：

> 其為旨與老氏無間，故因其篇章以發歸趣。上述天道，下紀地理，
> 中極人事，究觀邃古，覽窮後世，旁盡物情，包洞幽晦。〔註56〕

皆贊《道德指歸》在闡發老子思想上，深得老子之旨。蒙文通〈嚴君平道德指歸論佚文序〉曰：

> 《道德指歸》一書，文高義奧，唐宋道家，頗取為說。其地位之重，
> 僅次河公。〔註57〕

認為在《老子》的注本中，其地位僅次於《老子河上公注》。

　　《道德指歸》是承繼《老子》，並融入儒家思想，而有其新的詮解，今人元正根：「嚴君平的思維方式主要著重點是解釋、把握世界與人的統一關係，更重要的莫如將其引入日常生活中。因此嚴君平思維模式的優點是把教條主義邏輯轉變為生動生命的能動性邏輯。」〔註58〕又其自己之思想體系與思維方式。鄭萬耕則認為揚雄《太玄》本乎「自然」之旨，即受《老子指歸》的啟迪。〔註59〕陳福濱認為王充自然的天道觀，是源於《老子指歸》萬物自生自化思想。〔註60〕

二、心性論之根源——道

　　《老子指歸·道生一篇》曰：「萬物所由，性命所以，無有所名者，謂之道。」又〈名身孰親篇〉曰：「我性之所稟而為我者，道德也。」萬物生成，並各稟其性命，都是因為道的原故。因此，人之心性亦不離道的作用而存有，故《老子指歸》是以道為人之心性的根源。《老子指歸》的道主要是繼承《老子》而有所發展。

（一）虛無之本體

嚴遵曰：

> 天地所由，物類所以；道為之元，德為之始，神明為宗，太和為祖。

〔註56〕引自於王德有《老子指歸譯注·附錄三·序跋提要》（北京：商務印書館，2004.12）
〔註57〕引自於王德有《老子指歸譯注·附錄三·序跋提要》（北京：商務印書館，2004.12）
〔註58〕元正根〈淺析《老子指歸》的思維方式〉（《中國哲學》1999年第3期，頁87）
〔註59〕鄭萬耕《〈太玄〉與自然科學》（《中國哲學》，1984.4，頁76）
〔註60〕陳福濱《兩漢儒家思想及其內在轉化·第二章》（臺北：輔仁大學出版社，1994）

> 道有深微，德有厚薄，神有清濁，和有高下。清者為天，濁著為地，
> 陽者為男，陰者為女。人物稟假，受有多少，性有精粗，命有長短，
> 情有美惡，意有大小。或為小人，或為君子，變化分離，剖判為數
> 等。故有道人，有德人，有仁人，有義人，有禮人。（《老子指歸・
> 上德不德篇》）

道生成天地與萬物，成就物類屬性與規律，是宇宙萬物的本源與依據。而萬物的生成，有其演化的過程，首先是由道生德，德生神明，神明生太和，太和生氣，氣生有形的天地萬物，〈道生一篇〉中所說：「夫天人之生也：形因於氣，氣因於和，和因於神明，神明因於道德。」而《老子指歸》又把這一宇宙演化過程與《老子》的「道生一，一生二，二生三，三生萬物」相附合，曰：

> 道虛之虛，故能生一。有物混沌，恍惚居起。……為太初首者，故
> 謂之一。一以虛，故能生二。二物並與，妙妙纖微，生生存存。……
> 二以〔無〕之無，故能生三。三物俱生，渾渾茫茫，視之不見其形，
> 聽之不聞其聲，搏之不得其緒，……根繫於一，受命於神者，謂之
> 三。三以無，故能生萬物。清濁以分，高卑以陳，陰陽始別，和氣
> 流行，三光運，群類生。（〈道生一篇〉）

道生一，一是「有物混沌，恍惚居起」的「德」〔註61〕。二是開始分化之「二物並與」的「神明」。三是分化後，有統一的整合體之「太和」。此一、二、三皆是「無」的階段，而後有萬物，進入「有」的階段。「有」的階段也就是「夫天人之生也：形因於氣，氣因於和，和因於神明，神明因於道德」之「和」之前的「氣」化階段。

　　而道生天地萬物，乃因其「虛無」的關係，《老子指歸》曰：

> 有虛之虛者開導稟受，無然然者而然不能然也；有虛者陶冶變化，
> 始生生者而不能生也；有無之無者而神明不能改，造存存者而存不
> 能存也；有無者纖微玄妙，動成成者而成不能成也。故虛之虛者生
> 虛者，無之無者生無者，無者生有形者。故諸有形之徒皆屬於物類。
> 物有所宗，類有所祖。……由此觀之，有生於無，實生於虛，亦以
> 明矣。是故，無無無始，不可存在，無形無聲，不可視聽，稟無授
> 有，不可言道，無無無之無，始末始之始，萬物所由，性命所以，
> 無有所名者謂之道。（〈道生一篇〉）

〔註61〕〈得一〉：「一，其名也；德，其號也。」

「虛之虛」、「無無無之無」的「道」，生「虛」、「無無之無」之「一」，「一」是生「無之無」之「二」，「二」生「無」之「三」，「三」則是萬物「有」之根源。只有「虛無」才可以生「有」，〔註62〕道為虛無之宇宙萬物之本體。

（二）道性自然

嚴遵曰：

> 道高德大，深不可言，物不能富，爵不能尊，無為為物，無以物微，非有所迫，而性常自然。（《老子指歸・道生篇》）

道之性自然無為，因此，道生萬物時，任其自然，曰：

> 夫道之為物，無形無狀，無心無意，不忘不念，無知無識，無首無向，無為無事，虛無澹泊，恍惚清靜。其為化也，變於不變，動於不動，反以生復，復以生反，有以生無，無以生，有反覆相因，自然是守。無為為之，萬物興矣；無事事之，萬物遂矣。是故，無為者，道之身體而天地之始也。（〈天下有始篇〉）

道虛無、澹泊、清靜，無心無意、無為無事，既不施與，也不造作，故雖說道生萬物，其實是萬物自生自化，曰：

> 道德不生萬物，而萬物自生焉；天地不含群類，而群自託焉；自然之物不求為王，而物自王焉。……不為物主，而物自歸焉；無有法式，而物自治焉；不為仁義，而物自附焉；不任知力，而物自畏焉。何故哉？體道合和，無以物為，而物自為之化。（〈江海篇〉）

天地萬物非由外物、外力，而自然生成，即是道性自然無為的表現。而「道德之教，自然是也。自然之驗，影響是也。」（〈知不知篇〉）道之自然無為的特性，是宇宙萬物演化、發展所遵循的原則，也成為人之活動的法則。

三、心性論

（一）性有精粗

嚴遵曰：

> 何謂性、命、情、意、志、欲？所稟於道，而成形體，萬芳殊類，人物男女，聖智勇怯，小大脩短，仁廉貪酷，強弱輕重，聲色狀貌，精粗高下，謂之性。所授於德，富貴貧賤，夭壽苦樂，有宜不宜，

〔註62〕「虛無」不是和「有」相對的否定詞，而是描述「道」的存在狀態。

謂之天命。遭遇君父，天地之動，逆順昌衰，存亡及我，謂之遭命。
萬物陳列，吾將有事，舉錯廢置，取舍去就，吉兇來，禍福至，謂
之隨命。因性而動，接物感寤，愛惡好憎，驚恐喜怒，悲樂憂恚，
進退取與，謂之情。因命而動，生思慮，定計謀，決安危，通萬事，
明是非，別同異，謂之意。因於情意，動而之外，與物相連，常有
所悅，招麾福禍，功名所遂，謂之志。順性命，適情意，牽於殊類，
繫於萬事，結而難解，謂之欲。（《老子指歸‧道生篇》）

將性、命、情、意、志、欲作了定義。性是稟受道而成的，包括聖賢、智慧的
特質，與勇敢、怯懦之個性，及身體的高大、矮小、聲音、膚色、形體、外貌
等。《老子指歸》曰：「道德之化，天地之數，一陰一陽，分為四時，離為五
行，繪為羅網，設為無間，萬物之性，各有分度，不得相干。」（〈名身孰親
篇〉）當道德生萬物時，萬物稟受不同，成其萬物之性，故萬物各有其分定。
如「道德之生人也，有分；天地之足人也，有分；侯王之守國也，有分；臣下
之奉職也，有分；萬物之守身也，有分。稟受性命，陶冶群形。開導心意，已
得以生。藏府相承，血氣流行。表裏相應，上下相任。屈伸便利，視聽聰明。
道德之所以分人也。」（〈人之飢篇〉）侯王、臣下之分定，因稟受性命不同的
原故。嚴遵沒有說明道生萬物時，萬物何以會稟受不同。〔註63〕只知道本來

〔註63〕李沈陽《漢代人性論研究》（華中師範大學，博士論文，2008.8）頁64，吸
取董仲舒的說法，將「分」釋為「天的一種屬性」，並曰：「道、德、神明、
太和是天地萬物的本源，但道、德、神（明）、（太）和各自程度不同，不是
平等地落實在天地萬物身上，導致天地萬物的差別，形成天性不同的世界。」
在此，李沈陽忽略了《老子指歸》主張道自然無為生萬物，與萬物是自生自
化的原則。而董仲舒則主張萬物是在天的意志下生成。《老子指歸》雖有「天
心」的概念，然在萬物生成中，則強調道的作用。又德、神明、太和是道生
成過程中所呈現的不同情狀，不是內在構成程度的改變，因此，不是創生萬
物時，以道、德、神明、太和之程度不同的內涵，不平等地落實在天地萬物
身上，導致天地萬物的差別。而是萬物自生中各自稟受其分。又頁66，曰：
「如果說先秦道家的宇宙論比較簡單，道與人性之間存在直接的關係，從道
的自然無為性格可以直接推演出人性自然的話，那麼在《老子指歸》的宇宙
論中，除了道之外，還存在德、神明、太和等概念，它們同樣參與到人與人
性的創生中，其結果不僅使得人性的形成複雜化，最終也導致人性的差異。」
認為《老子指歸》之宇宙萬物創生的過程中，多增加了德、神明、太和的概
念，較先秦道家的生成論複雜，也造成人性的差異。其實，以《老子指歸》
與《老子》的萬物生成過程相較，《老子指歸》繼承了《老子》之「道生一，
一生二，二生三，三生萬物」的進程，只是《老子指歸》發展更進一步，以

有就有深微之分，曰：

> 道有深微，德有厚薄，神有清濁，和有高下。清者為天，濁著為地，陽者為男，陰者為女。人物稟假，受有多少，性有精粗，命有長短，情有美惡，意有大小。或為小人，或為君子，變化分離，剖判為數等。故有道人，有德人，有仁人，有義人，有禮人。（〈上德不德篇〉）

道有深微，當道生化德、神、和不同的狀態時，則有厚薄、清濁、高下之分。萬物自生時，因「道德之化，天地之數，一陰一陽，分為四時，離為五行，綸為羅網，設為無間，萬物之性，各有分度」，得道與氣之厚薄、清濁、高下之不同，而成其性之差異，有道人、德人、仁人、義人、禮人之不同，例如：

> 上德之君，性受道之纖妙，命得一之精微，性命同於自然，情意體於神明，動作倫於太和，取舍合乎天心。神無所思，志無所慮，聰明玄妙，寂迫空虛。動若無形，靜若未生，功若天地，事如嬰兒。遺形藏志，與道相得。……下德之君，性受道之正氣，命得一之下中，性命比於自然，情意幾於神明，動作近於太和，取舍體於至德。託神於太虛，隱根於玄冥，動反柔弱，靜歸和平。（〈上德不德篇〉）

上德之君因受道之纖妙，性與道合，能體道性，動靜合於自然；下德之君，道之正氣，性幾於道，動靜能歸於平和。而「人之情性，樂尊寵，惡卑□。損之而怨，益之而喜。下之而悅，止之而鄙」（〈萬物之奧篇〉）、「凡人之性，憎西鄰之父者，以其強大也；愛東鄰之兒者，以其小弱也；燔燒枯槁者，以其剛強也；簪珥榮華者，以其和淖也」（〈生也柔弱篇〉）、「人之情性，不知而忠信，有知而誕謾；得意而安寧，失意而圖非」（〈民不畏死篇〉），乃得道之薄、濁、下，而成其違道之性。故嚴尊對人性善惡的看法，是當人成其形時，受道之深微不同，而性有精粗，且「性精命高，可變可易；性麤命下，可損可益」（〈道生篇〉），影響命之長短。因此，主張人性是有善有惡說。

（二）心性同生

嚴遵曰：「人物稟假，受有多少，性有精粗，命有長短，情有美惡，意有大小。」又說情是「因性而動」，意是「因命而動，生思慮」而生，將「情」、「意」屬於心的作用範疇，歸於「性」的內涵，故可以說嚴尊是以性來說心。

「德」代替「一」，以「神明」代替「二」，以「太和」代替「三」，使其概念更具體清楚。而影響人性的差異，是「形因於氣，氣因於和」，氣之厚薄、清濁、高下的問題，不是導源於德、神明、太和等概念的複雜。

《老子指歸》曰：「情性同生，心意同理。」（〈不出戶篇〉）心與性同生、同理，故性精則心密，性粗則心疏，又曰：

> 上德之君，性受道之纖妙，命得一之精微，性命同於自然，情意體
> 於神明，動作倫於太和，取舍合乎天心。（〈上德不德篇〉）
> 上仁之君，性醇粹而清明，皓白而博通。心意虛靜，神氣和順，管
> 領天地，無不包裹。（〈上德不德篇〉）
> 上義之君，性和平正，而達通情，察究利害，辨智聰明。心如規矩，
> 志如尺衡。（〈上德不德篇〉）

性自然，則心意能體神明（道）；若性醇粹清明，則心意虛靜；若性平正，則心合於規矩。若「彼非喜兇而惡吉，貴禍而賤福也。性與之遠，情與之反。若處之反，若處黃泉，聽視九天，遼遠絕滅，不能見聞而已矣。」（〈上士聞道篇〉）性與道遠，則心、情也隨性而違道，於是入於絕滅之域，故心與性同生。然「心為身主」（〈上士聞道篇〉），若要使自己行為合於道，而長治久安，還是要從「心意」上作工夫，《老子指歸》曰：

> 稟受性命，陶冶群形。開導心意，己得以生。（〈人之飢篇〉）

「是以聖人，虛心以原道德，靜氣以存神明，損聰以聽無音，棄明以視無形。」（〈至柔篇〉）「是以聖人，去知去慮。虛心專氣，清掃因應，則天之心，順地之意。」（〈大成若缺篇〉）聖人是通過去知去慮，虛心專氣，損棄聰明，以因應一切的事物，來體道合德。

（三）簡情易性

嚴尊認為合道的虛無、自然的本性，才是善的表現，故曰：「簡情易性，化為童蒙，無為無事，若癡若聾。身體居一，神明千之，變化不可見，喜欲不可聞，若閉若塞，獨與道存。」（〈上士聞道篇〉）主張變易不善之性情，化為無為無事，與道相合之情性。因此，嚴尊所主張的心性修養工夫，主要是為了達到虛無、自然的理想人格。

1. 知足知止

嚴尊主張知足而止、細名輕物，才能與道同德，能保長存，《老子指歸》曰：

> 是以，知足之人，體道同德，絕名除利，立我於無身。養物而不自
> 生，與物而不自存。信順之間，足以存神，室家之業，足以終年。
> 常自然，故不可殺；處虛無，故不可中；細名輕物，故不可汙；欲

> 不欲，故能長榮。知止之人，貴為天子，不以枉志；貧處巖穴，不
> 以幽神；進而不以為顯，退而不以為窮。無禍無福，無得無喪，不
> 為有罪，不為有功。……知足而止，故能長存。(〈名身孰親篇〉)

因為「名」與「貨」都是害人之物，又曰：

> 夫無名之名，生我之宅也；有名之名，喪我之棄也。無貨之貨，養
> 我之福也；有貨之貨，喪我之賊也。是故，甚愛其身，至建榮名，
> 為之行之，力之勞之，強迫情性，以損其神。多積貨財，日以憍盈，
> 憍亡之道，貨名俱終。故神明不能活，天地不能全也。」(〈名身孰
> 親篇〉)

> 故名利與身，若炭與冰，形性相反，勢不俱然。(〈名身孰親篇〉)

「有名」與「有貨」是違反人之情性的發展，會損人之精神，故「得名得貨，
道德不居，神明不留。」(《老子指歸・名身孰親篇》)若「建榮名」、「積貨財」，
最後精神會與「貨名俱終」。故嚴尊主張「無名」、「無貨」，以知足知止，保全
道性。嚴尊之「知足知止」的觀點，乃繼承《老子》：「知足不辱，知止不殆」
的思想而發揮。

2. 留柔居弱

　　嚴尊吸收《老子》柔弱勝剛強的思想，曰：「留柔居弱，歸於空虛，進退
曲伸，常與德俱。」(《老子指歸・生也柔弱篇》)主張處柔弱，歸於道之虛無，
則與德常在。又曰：

> 故堅強實滿，死之形象也；柔弱滑潤，生之區宅也。凡人之性，憎
> 西鄰之父者，以其強大也；愛東鄰之兒者，以其小弱也；燔燒枯槁
> 者，以其剛強也；簪珥榮華者，以其和淖也。……強大居下，小弱
> 居上者，物自然也。(〈生也柔弱篇〉)

剛強者與死同類，柔弱者與生同類。而強大居下，小弱居上，也是事物得自
然現象。故嚴尊主張留柔處弱，不為剛強。

3. 清靜養神

　　《老子指歸》曰：「而我之所以為我者，以有神也。神之所以留我者，道
使然也。」(〈聖人無常心篇〉)因道有神，神存在於我身，我才能成就我的性
命，故當善養「神」。而養神的方法為何？《老子指歸》，曰：

> 託道之術，留神之方，清靜為本，虛無為常，非心意之所能致，非
> 思慮之所能然也。(〈聖人無常心篇〉)

以清靜為本，虛無為常。清靜、虛無即為道之性。以清靜、虛無返回道性，也就是返歸於道，即神的本來狀態，《老子指歸》曰：

> 是以捐聰明，棄智慮，反歸真樸。游於太素，清物傲世，卓爾不污。喜怒不嬰於心，利害不接於意，貴尖同域，存亡一度。動於不為，覽於玄妙，經神平靜，無所彰載，抱德含和，帥然反化。……性與之遠，情與之反。若處之反，若處黃泉。（〈上士聞道篇〉）

以棄捐聰明、智慮，返歸真樸，能使神清靜、虛無，以原道德，讓人之情性的得到最真實的呈現。

第四節　揚雄之心性論

一、揚雄生平

揚雄（西元前 53～18）字子雲，蜀郡成都人，西漢末年的思想家和文學家。《漢書‧揚雄傳》載「雄少而好學，不為章句，訓詁通而已，博覽無所不見。為人簡易佚蕩，口吃不能劇談，默而好深湛之思，清靜亡為，少耆欲，不汲汲于富貴，不戚戚于貧賤，不修廉隅以徼名當世。家產不過十金，乏無儋石之儲，晏如也。」揚雄生性恬淡，不慕名利，崇尚清淨無為。家境貧窮，卻能安貧樂道。

揚雄早年喜好辭賦，「每作賦，常擬之以為式。」認為「屈原文過相如」，然惜屈原的文章不能見容於世，曾作〈反離騷〉自岷山投諸江流，以弔屈原。

揚雄四十餘，自蜀至京師游，大司馬車騎王音奇其文，召為門下吏。後為成帝召入宮，為待詔，侍從祭祀遊獵，奏〈羽獵賦〉，給事黃門，與王莽、劉歆並。後「莽既以符命自立，即位之後，欲絕其原，以神前事，而豐子尋、歆子棻復獻之。莽誅豐父子，投棻四裔，辭所連及，便收不請。時，雄校書天祿閣上，治獄使者來，欲收雄，雄恐不能自免，乃從閣上自投下。」（《漢書‧揚雄傳》）未死，召為大夫。揚雄不言符命，又不可以默，乃奏〈劇秦美新〉，自謝王莽復召大夫之命。揚雄年七十一卒，弟子侯芭為其負土作墳，號曰「玄塚」。

揚雄一生悉心著述，除辭賦外，又仿《周易》作《太玄》，仿《論語》作《法言》，晚年作《方言》。揚雄的思想，在《太玄》中表現受道家與陰陽五行學說的影響。而《法言》則代表了他儒家的立場。

　　揚雄的道家思想，起於少時曾拜嚴遵為師。《漢書‧王貢兩龔鮑傳》：「其後谷口有鄭子真，蜀有嚴君平，皆修身自保，非其服弗服，非其食弗食。……裁日閱數人，得百錢足自養，財閉肆下簾而授《老子》。博覽亡不通，依老子、嚴周之指著書十餘萬言。揚雄少時從遊學，以而仕京師顯名，數為朝廷在位賢者稱君平德。……君平年九十餘，遂以其業終，蜀人愛敬，至今稱焉。及雄著書言當世士，稱此二人。」揚雄非常景仰嚴遵，思想也受其影響。揚雄之《太玄》即與道家思想密切，其內容以作為天地萬物之本源的「玄」，即脫胎於老子的「道」。並以「玄」為自然，一切宇宙自然界與人倫法則，無不以自然為本而發揮，也是道家思想的繼承。揚雄之「夫作者貴其有循而體自然也」（《太玄經‧玄瑩》）〔註64〕與「質幹在乎自然，華藻在乎人事」（《太玄經‧玄瑩第十》）之體自然，尊重事物的本質，即老子「法自然」的發揚。

　　而揚雄之《法言》曰：「天之道不在仲尼乎？仲尼駕說者也，不在茲儒乎？如將復駕其所說，則莫若使諸儒金口而木舌。」（〈學行〉）認定孔子傳天道的聖人。又曰：「或問『道』。曰：『道也者，通也，無不通也。』或曰：『可以適它與？』曰：『適堯、舜、文王者為正道，非堯、舜、文王者為它道，君子正而不它。』」（〈問道〉）以堯、舜、文王至孔子、孟子為正統，故崇奉儒家思想。甚至見當時迷信思想充斥，欲效法孟子廓清歸本於儒家的作為。故揚雄之思想，大體來說，除了陰陽五行思想外亦雜有儒、道兩家學說，而終以儒家自居。

　　後人對揚雄持贊譽與貶抑之論皆有，如：漢桓譚（？～西元56）一向推崇揚雄，其《新論‧閔友》曰：

　　　王公子問：「揚子雲何人邪？」答曰：「揚子雲才智開通，能入聖道，卓絕於眾，漢興以來，未有此也。」國師子駿曰：「何以言之？」答曰：「通才著書以百數，惟太史公為廣大，餘皆殘小論，不能比之子雲所造《法言》、《太玄》也。《玄經》，數百年外其書必傳。世咸尊古卑今，貴所聞、賤所見也，故輕易之。老子其心玄遠，而與道合。若遇上好事，必以《太玄》次《五經》也。」〔註65〕

肯定揚雄《太玄》之著作，並譽其可入經典之境。漢王充（西元27—97）《論衡‧超奇》曰：

〔註64〕漢‧揚雄著，漢‧陸績述；晉‧范望注《太玄經》（臺北：廣文書局，1988.5）
〔註65〕桓譚《新論‧閔友》（臺北：中華書局，1966）

揚子雲作《太玄經》，造於眇思，極冥之深，非庶幾之才，不能成也。
孔子作《春秋》，二子作兩經，所謂卓爾蹈孔子之跡，鴻茂參貳聖之
才者也。王公（子）問於桓君山以揚子雲，君山對曰：「《漢》興以
來，未有此人。」

吳陸績（西元 187～219）《述玄》：

雄受氣純合韜真含道，通敏睿達、鈎深致遠，建立《玄經》與聖人
同趣，雖周公繇大《易》孔子修《春秋》不能是過，論其所述，終
年不能盡其美也，考之古今，宜曰聖人。〔註66〕

唐韓愈（西元 768 年～824 年）〈讀荀子〉曰：

始吾讀孟軻書，然後知孔子之道尊，聖人之道易行，王易王，霸易
霸，以為孔子之徒沒，尊聖人者，孟氏而已。晚得揚雄書，蓋尊信
孟氏，因雄書而孟氏益尊，則雄者亦聖人徒與。〔註67〕

認為揚雄繼承孟子的道，予以很高的評價。

宋司馬光（西元 1019～1086）〈說玄〉曰：

揚子雲直大儒邪，孔子既沒，知聖人之道者，非揚子而誰，孟與荀
殆不足擬，況其餘乎！〔註68〕

皆肯定揚雄能傳孔孟之聖道，可入聖域。宋柳開則曰：

先師夫子之書，……楊、墨交亂，聖人之道復將墜矣。天之至仁也，
婉而必順。不可再生其人若先師夫子耳，將使後人知其德有尊卑，
道有次序，故孟軻氏出而佐之，……孟軻氏沒，聖人之道火于秦，
黃于漢。天知其是也，再生揚雄氏以正之，聖人之道復明焉。〔註69〕

以揚雄在孟子後能接續道統的人。司馬光對揚雄所提的善惡混的人性說，與
孟子、荀子相較，是最全面準確的理論。〔註70〕

近人馮友蘭（西元 1895～1990）曰：

〔註66〕（吳）陸績《述玄》（載於嚴可均校輯《全三國文》卷六十八）

〔註67〕韓愈《韓昌黎全集・卷11・讀荀子》（臺北：中華書局，1966.3）

〔註68〕見宋司馬光《太玄集注》（北京：中華書局，1998.9）中所附之〈說玄〉一文。

〔註69〕曾棗莊、劉琳編《全宋文・第28冊》（成都：巴蜀書社，1988.6）頁592。

〔註70〕曾棗莊、劉琳編《全宋文・第28冊》（成都：巴蜀書社，1988.6）頁513：「孟
子以為仁義禮智出乎性者，……而不知藜莠之亦生于田也。……荀子以為爭
奪殘賊之心，人之所生有也。……而不知稻梁之亦生于田也。故揚子以謂人
之性善混，……揚子則兼之矣。」

揚雄在積極方面雖無甚新見，然其結兩漢思想之局，開魏晉思想之路，自哲學史之觀點言，則須術此人之思想。……於《太玄》，而揚雄能持《老》、《易》之自然主義的宇宙觀即人生觀，實可謂為有革命的意義。……然揚雄能在思想方面，有系統之表現，就歷史之觀點言，揚雄亦自有其在歷史上之地位。〔註71〕

褒揚揚雄能開漢至魏晉之時期的思想新局面。

　　韋政通則肯定揚雄在漢代思想上有轉化精神的價值，曰：

由陰陽五行的繁衍帶來的長期的文化汙染，經《法言》一掃而空，《法言》化神為心，認為人心其神矣乎，……又恢復了人的主宰性。……他在自覺地提倡一種人的精神，以促使天人感應的法天精神的轉化，這一點是極為明顯的。〔註72〕

　　而宋神宗（西元1048～1085）曰：

又因泛論古今人物，宗孟盛稱揚熊之賢，上作色言，揚雄著〈劇秦美新〉，不佳也。〔註73〕

批評揚雄歌頌王莽新政。宋蘇軾（西元1037～1101）〈答謝民師書〉曰：

揚雄好為艱深之辭，以文淺易之說；若正言之，則人人知之矣。此正所謂雕蟲篆刻者，其《太玄》、《法言》皆是類也。……雄之陋如此比者甚眾。可與知者道，難與俗人言也，因論文偶及之耳。〔註74〕

輕揚雄之著述為「雕蟲篆刻」之類。朱熹（西元1130～1200）曰：

揚子說到深處，止是走入老莊窠窟裏去，如清靜寂寞之說皆是也。又如《玄》中所說云云，亦只是莊老意思，止是說那養生底工夫爾。……揚子雲為人深沈，會去思索。如陰陽消長之妙，他直是去推求。然而如《太玄》之類，亦是拙底工夫，道理不是如此。
〔註75〕

評揚雄沒有新意，只延襲老莊的理論而已。

　　清唐晏《兩漢三國學案》曰：

〔註71〕馮友蘭《中國哲學史》（上海：商務印書館，1933）頁577。
〔註72〕韋政通《中國思想史·上》（臺北：大林出版社，1981.11）頁499～500。
〔註73〕宋李燾編撰《續資治通鑑長編》（北京：中華書局，1990）頁8149。
〔註74〕宋蘇軾（西元1037～1101）〈答謝民師書〉。
〔註75〕朱熹《朱子語類·卷135·戰國漢唐諸子》（臺北：華世出版社，1978.1）頁3253。

> 子雲為學最工於擬，故賦則擬相如，《太玄》則擬《周易》，《法言》
> 則擬《論語》，計其一生所為，無往非擬，而問子雲之所以自立者無
> 有也，故其晚節失身賊莽，正其不能自立之所致也，後之人可以知
> 所戒矣。〔註76〕

唐晏雖論揚雄模擬別人著述，與其是會失節於王莽有因果關係，其貶意義濃厚。

　　勞思光曰：

> 揚雄表面上以儒家自居，但其立說則忽近於儒，忽近於道；又揚雄
> 原不主讖緯之說，但自己理論亦每每不免受陰陽五行說之影響；蓋
> 揚雄本非一合格之哲學家，既不能深切了解儒道之本旨，又不能自
> 己立說；其書雜亂空虛，至為可笑。〔註77〕

評揚雄思想漫羨無歸心，雖仿《周易》作《太玄》，仿《論語》作《法言》，但無法立說。羅光曰：

> 揚雄在中國哲學思想史上，可以聊備一格；因為他的《太玄》自成
> 一種玄想。……但是《太玄》僅只是一種架子，套上了漢朝的陰陽
> 家的術語，內容則空洞。《法言》一書則不成一格了，只是重複了孔
> 子、孟子和漢儒的共同思想，沒有多加發揮。所可看重的，則是他
> 離開了陰陽家的途徑，回到了儒家的經書。〔註78〕

抑揚雄之《太玄》、《法言》無法成一家之言，還是無法跳脫漢代陰陽家的影響。

　　古今之人多肯定揚雄的人格，與其在漢代的學術上的地位，然對其模仿之作，多謂無新意，無法立說。然若言揚雄無法立說，何能奠定漢初學術上的地位。

二、心性論之根源——玄

　　揚雄曰：

> 玄者，幽攡萬類而不見形者也資陶虛無而生乎規，攔神明而定摹，
> 通同古今以開類，攡措陰陽而發氣。一判一合，天地備矣。天日回

〔註76〕清唐晏著；吳東民點校《兩漢三國學案》（臺北：仰哲出版社，1987.11）頁
　　　　552。
〔註77〕勞思光《新編中國哲學史・卷二》（臺北：三民書局，1986.9）頁114。
〔註78〕羅光《中國哲學思想史・兩漢、南北朝篇》（臺北：臺灣學生書局，1985.8）

行，剛柔接矣。還復其所，終始定矣。一生一死，性命瑩矣。（《太
玄經・玄攡》）〔註79〕

天以不見為玄，地以不見為玄，人以心腹為玄。（《太玄經・玄告》）
神戰於玄，善惡並也。

昆侖旁薄，資懷無方。神戰於玄，邪正兩行。（《太玄經・玄文》）

人之所好而不足者，善也；人之所醜而有餘者，惡也。君子曰彊其
所不足而拂其所有餘，則玄之道幾矣。（《太玄經・玄攡》）

「玄」是性命的根據；具體體現於人的心腹；是人性善惡的先天來源；後
天發展善惡行為的依據，也是後天努力可以達到的境界；是人生命從善的
本質，即人向善的動力。因此，揚雄的心性思想是在「玄」的作用上，建
立起具有超越性的理論。而揚雄的心性說之架構，根源於以「玄」建立的
天道觀。

揚雄的「玄」來自於《老子》的「道」與《周易》的「易」，《後漢書》載
桓譚論曰：

《新論》曰：「揚雄作玄書，以為玄者，天也，道也。言聖賢制法作
事，皆引天道以為本統，而因附績萬類、王政、人事、法度，故宓
羲氏謂之易，老子謂之道，孔子謂之元，而揚雄謂之玄。」（《後漢
書・張衡列傳》）

而「玄」的特性與老子所謂的「道」更接近。

（一）玄是天地萬物之本源

揚雄曰：

玄者，幽攡萬類而不見形者也資陶虛無而生乎規，攔神明而定摹，
通同古今以開類，攡措陰陽而發氣。一判一合，天地備矣。（《太玄
經・玄攡》）〔註80〕

「玄」與老子的「道」一樣，無形不可見，卻無所不在，即揚雄曰：「夫玄晦
其位而冥其畛，深其阜而眇其根，攘其功而幽其所以然也。故玄卓然示人遠
矣，曠然廓人大矣，淵然引人深矣，渺然絕人眇矣，嘿而該之者，玄也。」
（《太玄經・玄攡》）「玄」是幽深晦眇，超越形象的。

〔註79〕漢・揚雄著，漢・陸績述；晉・范望注《太玄經》（臺北：廣文書局，1988.5）
〔註80〕漢・揚雄著，漢・陸績述；晉・范望注《太玄經》（臺北：廣文書局，1988.5）

「玄」「摛措陰陽而發氣」推動陰陽二氣，生成天地，化育萬物。故「玄」不僅是本體，也是具有主宰性、超越性的宇宙之本源。

（二）玄是天地萬物之規律

揚雄曰：

> 日月往來，一寒一暑。律則成物，曆則編時。律曆交道，聖人以謀。晝以好之，夜以醜之。一晝一夜，陰陽分索。夜道極陰，晝道極陽。牝牡群貞，以攡吉凶。而君臣父子夫婦之道辨矣。是故日動而東，天動而西，天日錯行，陰陽更巡，死生相樛，萬物乃纏，故玄聘取天下之合而連之者。（《太玄經‧玄攡》）

「玄」總括天地萬物之間的聯繫，反映天地萬物的次序，故揚雄又曰：「夫玄也者，天道也，地道也，人道也。兼三道而天名之，君臣父子夫婦之道。」（《太玄經‧玄圖》）「玄」該備自然、社會之發展的原則與規律。

「玄」是天地萬物間的規律，故萬物依據「玄」而動，則得生生不息，揚雄曰：

> 馴乎玄，渾行無窮正象天。〔註81〕

即司馬光釋曰：「揚子嘆玄道之順，渾淪而行，終而復始，如天之運動無窮也。」〔註82〕人若依「玄」而行，亦得以安身立命。

（三）玄是自然

作為宇宙萬物之根本與法則的「玄」，以「自然」之姿決定萬物的存在，揚雄曰：

> 夫作者，貴其有循而體自然。其所循也大，則其體也壯；其所循也小，則其體也瘠。其所循也直，則其體也渾；其所循也曲，則其體也散……故質榦在乎自然，藻華在乎人事也，其可損益歟？」（《太玄經‧玄瑩》）

對一切事物不與增減，循乎自然，「仰以觀乎象，俯以視乎情，察性知命，原始見終。」（《太玄經‧玄攡》）於客觀現象中，體察人事的變化，故玄亦是可稱為「自然」。

〔註81〕《太玄經‧玄首都序》
〔註82〕司馬光《太玄集注》（北京：中華書局，1998.9）頁1。

三、性論

揚雄對人性主張善惡相混的看法，其有一段最具代表性話，曰：

> 人之性也，善惡混；修其善則為善人，修其惡則為惡人。氣也者，
> 可以適善惡之馬也與？（《法言·修身》）

此段話也說明了氣是人性的生成因素與善惡條件，並表達了「修性」的觀點。整體來說，揚雄與大多數的漢儒一樣，以氣言性。

（一）晦明說質性

揚雄以「玄」推動氣而化生萬物，故氣是人得以生成的條件，也是組成人性的要素，他說：

> 立天之經曰陰曰陽，形地之緯曰縱曰橫，表人之行曰晦曰明。陰陽
> 曰合其判。從橫曰緯其經，晦明曰別其材。陰陽，該極也。經緯，
> 所遇也。晦明，質性也。（《太玄經·玄瑩》）

在天的陰陽二氣，表現於人身上，稱為晦與明，即人之質性。

關於「質性」，揚雄曰：

> 罔、直、蒙、酋、冥：罔，北方也，未有形也；直，東方也，春也，
> 質而未有文也；蒙，南方也，夏也，物之修長者也，皆可得而戴也；
> 酋，西方也，秋也，物皆成象而就也：有形則復於无形，故曰冥。
> 故萬物罔乎北，直乎東，蒙乎南，酋乎西，冥乎北。故罔者有之舍
> 也，直者文之素也，蒙者亡之主也，酋者考其就，冥者反其奧。罔、
> 蒙相極，直、酋相較。出冥入冥，新故更代。陰陽迭循，清濁相穢。
>
> （《太玄經·玄文》）

以罔、直、蒙、酋、冥說明萬物的生滅變化，「罔」是萬物未成型的狀態，「直」是萬物初形的樣子，「蒙」是萬物成長的表現，「酋」是萬物成熟的現象，「冥」是指萬物由有形復歸於無形。而「直」是萬物初成形，尚在本然而未有文的狀態，而人在「直」的階段，所具有的材性，則為「質性」。此「質性」是晦、明相雜，即陰陽二氣相混。故揚雄認為人也是天地萬物的一部分，人之初生與天地一樣，得陰陽二氣為人之基本特性，即人之晦明的質性。這也是揚雄天人一體的看法。

（二）陰陽別善惡

揚雄以陰陽之氣來言性，但沒有明確說明性之善惡的根由，只說：「人之

性也，善惡混；……氣也者，可以適善惡之馬也與？」氣是性之善惡的決定
因素。然從揚雄崇陽抑陰的價值判斷，則可知有陰為惡，陽為善的觀念。

揚雄曰：

休則逢陽……咎則逢陰。（《太玄經‧玄數》）

陽道吐，陰靜翕，陽道常饒，陰道常乏。（《太玄經‧玄告》）

雖沒有像董仲舒直接說「惡之屬盡為陰，善之屬盡為陽。」（《春秋繁露‧陽尊
陰卑第四十三》）然以陽氣代表正面，陰氣含有負面的意義是非常明顯的。或
許揚雄「知孔子未嘗言陰陽，故在言性上斥陰陽觀念而不用。」〔註 83〕元葉
子奇（西元 1327～1390）《太玄本旨》序曰：

聖人之於易，雖未嘗不致其扶陽抑陰之義，然陰陽者，造化之本，

不可相無。聖人於其不可相無者，則以健順仁義之屬明之。雖其消

息之際，有淑慝之分，固未始以陽全吉而陰全凶也。〔註 84〕

認為在陰陽二氣的消息之間，不能完全說陽就是吉，卻以為揚雄確實有扶陽
抑陰的用意，並將仁義歸於陽之屬。

故以「氣也者，可以適善惡之馬也與？」氣左右人性善惡的因素，而氣
分陰（晦）陽（明），因此，可以斷言揚雄以陰陽別善惡，並以陰為惡，陽為
善。

（三）惡出於情

揚雄說性時亦與情連屬，如：「天降生民，倥侗顓蒙，恣乎情性，聰明不
開。」（《法言‧序》）情與性相同，是陰陽之氣交錯生成的，揚雄曰：

三八為木，為東方，為春，日甲乙，辰寅卯……性仁，情喜，事貌，

用恭，撝肅……四九為金，為西方，為秋，……性誼，情怒，事言，

用從，撝義……二七為火，為南方，為夏，……性禮，情樂，事視，

用明，撝哲……一六為水，為北方，為冬，……性智，情悲，事聽，

用聰，撝謀……五五為土，為中央，為四維，……性信，情恐懼，事

思，用睿，撝聖。（《太玄經‧玄數》）

因氣動不同，陰陽遞變，而產生仁義禮智信五德之性，與喜怒哀樂懼之情。

關於德性，《法言‧問道》曰：

〔註83〕徐復觀著《兩漢思想史‧卷二》（台灣：學生書局，1989.9）頁 514。
〔註84〕葉子奇，《太玄本旨》〈序〉（四庫全書本），第 803 冊，頁 110。

> 道、德、仁、義、禮，譬諸身乎？夫道以導之，德以得之，仁以人
> 之，義以宜之，禮以體之，天也。合則渾，離則散，一人而兼統四
> 體者，其身全乎！

「道、德、仁、義、禮」是天生就有之德性，與〈玄數〉之五德之性相輝映，並與情分立來說。依揚雄所謂「陰陽別善惡，並以陰為惡，陽為善」，則性即「仁義禮智信」之德性，為善，為陽。故揚雄所謂的五德之性與董仲舒之「性為善為陽」相同。

揚雄也沒有直接說明情是善或惡，而喜怒哀樂懼之情感亦無善惡之別，然揚雄曰：

> 鳥獸，觸其情者也。……人而不學，雖無憂，如禽門！（《法言·學行》）
> 天下有三門：由於情欲，入自禽門；由於禮義，入自人門；由於獨
> 智，入自聖門。（《法言·修身》）

因鳥獸放恣情欲，故為禽獸。而人因知禮義，由禮義行，才為人。若人不從禮義，則與禽獸無異。故揚雄雖無直指情為惡，然惡由情而生。徐復觀亦有此看法，曰：

> 揚雄〈學行篇〉：「鳥獸，觸其情者也……人而不學，雖無憂，如禽
> 門！」又〈修身篇〉：「……天下有三門，由於情欲，入自禽門……」
> 是揚氏亦以情為惡。揚氏若順著董氏的理路，則既以情為惡，即應
> 以性為善，而不應言「善惡混」。或者揚氏也如董氏樣，就生而既有
> 的本能言情，情亦可謂之性，故「人之性也善惡混」的「人之性」，
> 實已把情包括在裏面。〔註85〕

當揚雄說「人之性也，善惡混」時，是指人「生而既有」之質性，包括情與性，分屬陰（晦）陽（明）二氣。性具五德，為善為陽，是本體之善性，如孟子所謂的「性善」。而對於情，揚雄著墨更少，雖可推知惡是從情觸發而來，但沒有直接證據說情就惡，如董仲舒之「性善情惡」論。揚雄論情，就好像告子之「生之謂性」，「決諸東方則東流，決諸西方則西流」，與荀子說「性惡」時，強調「順是」的過程一樣，只能確定惡出於情。

〔註85〕徐復觀著《兩漢思想史·卷二》（台灣：學生書局，1989.9）頁514。

（四）以學修性

揚雄以「人之性也，善惡混；修其善則為善人，修其惡則為惡人」，認為人性需待修養，且有無修養是決定善惡的結果，所以，徐復觀以為「揚雄認為性中的善與惡，都是潛存狀態。」〔註86〕然去惡存善有賴後天的修養工夫。對於修養工夫，揚雄提出「學」，曰：

> 人而不學，雖無憂，如禽何？學者，所以求為君子也。求而不得者有矣夫，未有不求而得之者也。（《法言・學行》）

人若不學，雖可無憂，但與禽獸無別，故人當學以修性，揚雄又曰：

> 學者，所以修性也。視、聽、言、貌、思，性所有也。學則正，否則邪。（《法言・學行》）

學可以改變本然之性，端正視、聽、言、貌、思，可以「求為君子」。

揚雄為了說明學的重要性，舉例曰：

> 或曰：「學無益也，如質何？」曰：「未之思矣。夫有刀者礱諸，有玉者錯諸，不礱不錯，焉攸用？礱而錯諸，質在其中矣。否則輟。」（《法言・學行》）

> 螟蛉之子殪，而逢蜾蠃，祝之曰：「類我，類我。」久則肖之矣。速哉！七十子之肖仲尼也。（《法言・學行》）

以磨刀、錯玉的比喻，說明學可以改善人的資質、能力，以螟蛉之子比喻學的功效。故揚雄曰：「學行之，上也；言之，次也；教人，又其次也。」（《法言・學行》）首重於學。

四、心論

揚雄說心時，經常與思、神明、睿智聯繫在一起，並以「心腹」稱心，這些概念是作為精神與意識的代稱。

〔註86〕徐復觀著《兩漢思想史・卷二》（台灣：學生書局，1989.9）頁514。徐復觀又認為「由潛存狀態轉而為一念的動機，再將一念動機加以實現，便須靠人由生命所發出的力量—氣。氣的本身是無所謂善惡的，只是像一匹馬那樣，載著善念或惡念向前走。」徐復觀此處的看法，是針對「氣也者，可以適善惡之馬也與？」一段話的詮釋，他講此氣與孟子「志壹則動氣；氣壹則動志也」（《孟子・公孫丑上》）聯想在一起。然揚雄所謂的氣，實不具如孟子的志氣概念，故筆者認為「氣也者，可以適善惡之馬也與？」之氣，是指陰（晦）陽（明）之質氣，即本節「（二）陰陽別善惡」所論，氣是決定善惡的要素。

（一）心是神明之思慮主體

揚雄曰：

> 天以不見為玄，地以不見為玄，人以心腹為玄。天奧西北，鬱化精
> 也；地奧黃泉，隱魄榮也；人奧思慮，含至精也（《太玄經・玄告》）

「玄」是天地萬物之本源與規律，也是心性的根源，而人是以心腹為玄，一
方面說明心是神妙莫測的。另一方面表明心在人身上有如玄在宇宙的地位，
並闡明心是人達至玄境界的作用處。

又以揚雄氣化萬物的生成論來說，心是人之形體中含有至精之氣者。因
心含至精之氣，故可思慮，曰：

> 維天肇降生民，使其貌動，口言，目視，耳聽，心思，有法則成，
> 無法則不成。（《太玄經・玄挴》）

人的器官中，心是發揮思慮的作用，揚雄甚至將心與耳目對舉，曰：「初一，
割其耳目，及其心腹，曆。測曰：割其耳目，中無外也。」（《太玄經・割首》）
以凸顯心的思慮主體。

而心思的神妙功能，揚雄曰：

> 或問「神」。曰：「心。」「請問之。」曰：「潛天而天，潛地而地。
> 天地，神明而不測者也。心之潛也，猶將測之，況於人乎？況於事
> 倫乎？」「敢問潛心於聖。」曰：「昔乎，仲尼潛心於文王矣，達之。
> 顏淵亦潛心於仲尼矣，未達一間耳。神在所潛而已矣。」（《法言・
> 問神》）

心能認識天地之變化，與人事之規範，並能調和天人，達於天人合一的境界，
如孔子潛心於文王，在時空的隔閡下亦能達到文王的境界；顏淵潛心於孔子，
而至孔子的境界只差一隙之地。由此可見，心能有神妙的作用，關鍵就在於
充分發揮思慮的功能，故稱心為「神明之思慮主體」。

（二）心思撝聖

揚雄曰：「視、聽、言、貌、思，性所有也。」認為心思是性的內涵，又
曰：

> 三八為木，為東方，為春，日甲乙，辰寅卯……性仁，情喜，事貌，
> 用恭，撝肅……四九為金，為西方，為秋，……性誼，情怒，事言，
> 用從，撝義……二七為火，為南方，為夏，……性禮，情樂，事視，
> 用明，撝哲……一六為水，為北方，為冬，……性智，情悲，事聽，

用聰，撝謀……五五為土，為中央，為四維，……性信，情恐懼，事
思，用睿，撝聖。(《太玄經・玄數》)

以五行代表五方向開展，以配五德。而中央土，配信，事思，撝聖。土者，《漢
書・五行志》曰：「土，中央生萬物者也。」信者，誠也，即真心、意誠之義。
撝者，張大、發揚、表現之謂。心之思，以誠信作為內在德性，展現於外（撝）
則可以為聖。

揚雄以「東西為緯，南北為經。」(《太玄經・玄瑩》)木金配東西為緯線，
水火為配南北為經線，而土為中央，連線四行，直通地中，成為一個宇宙模
式。而心思居於土，成為支撐天頂到四方的支架。所以，《法言・學行》：「視、
聽、言、貌、思，性所有也」就性而言，撝（表現）為仁、義、禮、智、信，
配於五行，金、木、水、火而統於土，即視、聽、言、貌根於思，仁、義、禮、
智主於心。故揚雄將心思看作人身體之小宇宙的中心，其表現出的道德行為，
是「與天地配其體，與鬼神即其靈，與陰陽挻其化，與四時合其誠」(《太玄
經・玄文》)聖的境界。而仁、誼、禮、智四德，表現的肅、義、哲、謀的行
為，只不過是聖的部分表現而已。

揚雄以心思居於中心位置，為四方的支架，與「仁、義、禮、智主於心」
相配合，一方面說明了心思主宰著道德的表現。另一方面表達著心思是達於
聖人境界的修養用力點。

（三）心智撝謀

對於心的活動，揚雄特別舉出「智」的作用，甚至以「智」作為入於「聖
門」的條件。﹝註 87﹞徐復觀以為「揚雄承儒家仁義禮智信之通義，然其真正
有得者乃在『智』的這一方面，因為他一生的努力，都可以說是智性的活動。」
﹝註 88﹞所以揚雄明確地提出人應以智為尚。曰：

或問：「人何尚？」曰：「尚智。」曰：「多以智殺身者，何其尚？」
曰：「昔乎，皋陶以其智為帝謨，殺身者遠矣；箕子以其智為武王陳
〈洪範〉，殺身者遠矣。」(《法言・問明》)

「性智，情悲，事聽，用聰，撝謀」，揚雄以五行配五德時，以水配智，
撝為謀，則強調認知的角度，曰：

﹝註 87﹞《法言・修身》：「天下有三門：由於情欲，入自禽門；由於禮義，入自人門；
　　　由於獨智，入自聖門。」
﹝註 88﹞徐復觀著《兩漢思想史・卷二》(台灣：學生書局，1989.9)頁 519。

見而知之者智也。(《太玄經・玄攡》)

智也者，知也。夫智用不用，益不益，則不贅虧矣。(《法言・問道》)
所謂智是對客觀事物做理智思考，所以當把握用與不用，益與不益的問題，
如皋陶為帝舜出謀獻策；箕子為武王陳述〈洪範〉，二者皆如《法言・問明》：
「或問：『活身。』曰：『明哲。』」明哲即明智。因用智，明哲保身，遠離殺身
之禍。」〔註89〕

智能在人之主體與外在客體之間，作精確合理的掌握，使原本不知的事
物變成可知，不被利用而變為可利用，無益變成有益，表現於外是為「謀」，
即謀劃、計議。故智的對象是世俗的客體，與「心思摦聖」的超越主體不同。

智是對客觀對象的把握，揚雄強調用智的條件：第一：「用智於時」，曰：

或問：「奔塵之車，沉流之航，可乎？」曰：「否。」或問：「焉用
智？」曰：「用智於未奔沉。大寒而後索衣裘，不亦晚乎？」(《法
言・寡見》)

用智當於車敗、船覆之前，思患在於預防，猶如大寒之後索衣，用智不及時。

揚雄特別強調「時」的觀念，曰：

君子修德以俟時，不先時而起，不後時而縮，動止微章，不失其法，
其惟君子乎？(《太玄經・玄告》)

陰陽迭循，清濁相廢。將來者進，成功者退。已用則.賤，當時則貴。
(《太玄經・玄文》)

事物發展變化有其過程與規律，君子俟時，如《法言・問神》中述「飛時則
飛，時潛則潛」、「時來則來，時往則往」相同，掌握最洽當的時候。而用智應
貴在及時，才能表現「謀」的最佳效果。

第二，「用智如玉」，《法言・吾子》曰：

或問：「屈原智乎？」曰：「如玉如瑩，爰變丹青。如其智！如其智！」
《史記・屈原列傳》載：「屈平正道直行，竭忠盡智以事其君，讒人閒之，可
謂窮矣。……其志絜，故其稱物芳。其行廉，故死而不容自疏。濯淖汙泥之
中，蟬蛻於濁穢以浮游塵埃之外，不獲世之滋垢，皭然泥而不滓者也。推此
志也，雖與日月爭光可也。」屈原處濁世泥而不滓，不媚俗偷安，其志行，如
玉之光潔，揚雄認為他才是真正的智者。觀呂不韋與樗里子：

或問：「呂不韋其智矣乎，以人易貨。」曰：「誰謂不韋智者與？以

〔註89〕汪榮寶《法言義疏・問明》(臺北：世界書局，1967.1)

國易宗。不韋之盜，穿窬之雄乎？」（《法言·淵騫》）

樗里子之知也，使知國如葬，則吾以疾為菁龜。（《法言·淵騫》）

呂不韋以子楚為奇貨，得丞相之位，看似善於用智，然揚雄認為呂不韋充其量只不過是一個大盜。樗里子不能用智於國，獨以知葬聞名，揚雄亦認為不足稱為智。故以兵家、縱橫家、陰陽家所操作之法術與欺詐詭計，不可稱為智。揚雄以屈原寧可殺身以保如玉之全潔，為真正的用智。故揚雄之用智與道德相表裏，其智屬於德智。「心智攄謀」即以「心思攄聖」為依歸，為入「聖門」必經路徑。

（四）盡心存神

因為心須充分發揮思慮的作用，才能對天、地、人的一切事理有所了解，故揚雄提出盡心與存神的修養工夫，曰：

> 人心其神矣乎？操則存，舍則亡。能常操而存者，其惟聖人乎？聖
> 人存神索至，成天下之大順，致天下之大利，和同天人之際，使之
> 無間也。（《法言·問神》）

人心雖神妙，然操而持之則存，舍而廢之則亡。人心雖神妙，然操而持之則存，舍而廢之則亡。聖人因為存養其精神，想求取即可用，故能成就天下之大順，招致天下之大利，和同天人之際，與天地和諧。揚雄又曰：

> 好盡其心於聖人之道者，君子也。人亦有好盡其心矣，未必聖人之
> 道也。（《法言·寡見》）

人若對事理認識不清，是因沒有「盡其心」之故。又曰：

> 初一：「內其明，不用其光。」測曰：「內其明，自窺深也」。次二：
> 「君子視內，小人視外」。測曰：「小人視外。不能見心也。」（《太
> 玄經·視首》）

君子小人之別，視其操心與否。

而在盡心與存神的修養活動中，揚雄提出幾點具體步驟：

1. 立定志向

《法言·學行》曰：

> 晞驥之馬，亦驥之乘也。晞顏之人，亦顏之徒也。或曰：「顏徒易
> 乎？」曰：「晞之則是。昔顏嘗晞夫子矣。」公子奚斯嘗晞尹吉甫矣。
> 不欲晞則已矣，如欲晞，孰禦焉？」

要立定高尚的目標，如顏回以孔子為師，向孔子學習一樣。晞字，《說文》曰：

「望也。」如孔子所說的「志於學」，也代表一種主動的學習的意識。揚雄在成德之路上，強調人的自覺，故說：「不欲睎則已矣，如欲睎，孰禦焉？」即「學者，所以求為君子也。求而不得者有矣，夫未有不求而得之者也。」（《法言‧學行》）

2. 專心一致

揚雄曰：

> 銳：「陽氣岑以銳，物之生也，咸專一而不二。」初一：「蟹之郭索，後引黃泉。」測曰：「蟹之郭索，心不一也」。次二：「銳一無不達。」測曰：「執道必也。」（《太玄經‧銳首》）

專心是體玄道的必要方法。在成德的過程中，雖立定志向，還要專一、執著、不動心。

3. 持志以恆

《法言‧學行》曰：

> 或問：「進」。曰：「水。」或曰：「為其不舍晝夜與？」曰：「有是哉！滿而後漸者，其水乎？」有是哉！滿而後漸者，其水乎？」或問：「鴻漸？」曰：「非其往不往，非其居不居，漸猶水乎！」「請問木漸？」曰：「止於下而漸於上者，其木也哉！亦猶水而已矣。」〔註90〕

當如水之不捨晝夜，持之以恆，奮勇精進，永不止息。

4. 虛懷若谷

揚雄還提出謙和的工夫，曰：

> 次五：「地自沖，下於川。」測曰：「地自沖，人之所聖也。」次六：「少持滿，今盛後傾。」測曰：「少持滿何足盛也。」（《太玄經‧少首》）
>
> 初一測：「懷威滿虛，道德亡也。」（《太玄經‧毅首》）

人能體地道之居下，而知謙沖之道則近德，反之，自滿則道德亡。此虛懷若谷之修德之路，當受《易》之謙道，與《老子》之「為天下谷，常德乃足。」之影響。

〔註90〕《法言義疏》李軌注：「水滿坎而後進，入學博而後仕。」又曰：「鴻之不失寒暑，亦猶水之因地制行。」又曰：「止於下者，根本也；漸於上者，枝條也。士人操道義為根本，業貴無虧；進禮學如枝條，德貴日新。」

5. 斷心自治

揚雄曰：

> 初一：「斷心滅斧，內自治也。」（《太玄經‧斷首》）
>
> 次五：「中夷，无不利。」測曰：「中夷之利，其道多也。」（《太玄經‧少首》）

「斷心」是將心中之不義、不善之思除去，而能「格內善，中不宵也。」與「格內惡，幽貞妙也。」〔註91〕修正心中的意念，並集善於心。

五、繼承與轉發

（一）陰陽說性

揚雄有關人性「善惡混」的問題，雖沒有「陰惡陽善」的明確說法，然從其分別說：「立天之經曰陰曰陽，形地之緯曰縱曰橫，表人之行曰晦曰明。陰陽曰合其判。……晦明，質性也。」（《太玄經‧玄瑩》）與「休則逢陽……咎則逢陰。」（《太玄經‧玄數》）與「人之性也，善惡混；……氣也者，可以適善惡之馬也與？」（《法言‧修身》）則明顯具有以陰陽二氣說性，並以陰陽分善惡的觀點。加上他說：「由於情欲，入自禽門。」則肯定揚雄以情為惡的說法。

「以陰為惡，陽為善」之觀念，在《易經》中以陰代表負面、消極、退讓，而陽代表正面、積極、光明的一面，則含有此思想。直到董仲舒直接以「惡之屬盡為陰，善之屬盡為陽。陽為德，陰為刑。」（《春秋繁露‧陽尊陰卑第四十三》）來分陰為惡，陽為善。又曰：「身之名取諸天，天兩，有陰陽之施，身亦兩，有貪仁之性。」（《春秋繁露‧深察名號第卅五》）且在性屬陽，陰屬情的觀點上，則認為性為陽為善，情為陰為惡。

因此，揚雄的以陰陽之善惡來說人性善惡混，可說是繼承董仲舒的陰陽說善惡。所不同的是，董仲舒以性情合說，明確地分性善情惡，然揚雄則性情分說，也只表明「惡出於情」，沒有言情就是惡的說法。

（二）神明之主

揚雄以心思配土，土居於中央，挺立四方，作為人身小宇宙的中心，且

〔註91〕《太玄經‧格首》：「初一：『格內善，失貞類。』測曰：『格內善，中不宵也。』次二：『格內惡，幽貞』。測曰：『格內惡，幽貞妙也。』」

其具有神妙，可以推知天地之變化，稱為神明之主體，也是達於聖人境界的修養用力點。此「神明之主」的觀點，早見於荀子，曰：

心者，形之君也，而神明之主也。(《荀子‧解蔽》)

荀子主張「性惡」，而能化性起偽主動與能動的作用主體，惟具有認知的心。然荀子強調心之「虛壹而靜」，有容眾、專一、冷靜的清明通澈性質，能「經緯天地而材官萬物，制割大理而宇宙裏矣。」(《荀子‧解蔽》)對宇宙萬物作正確的價值判斷，亦稱為「道之工宰」(《荀子‧正名》)，又稱為「大清明」(《荀子‧解蔽》)。

故荀子與揚雄皆以為認知的神明之主體，然荀子強調的是心的正確價值判斷。而揚雄則著重心能「潛天而天，潛地而地。天地，神明而不測者也」神妙莫測的功能。

（三）盡心說

揚雄以「盡心存神」為主要的修養工夫，而此思想乃本於《孟子》：「孔子曰：『操則存，舍則亡。出入無時，莫知其鄉。』惟心之謂與！」(〈告子上〉)與「夫君子所過者化，所存者神，上下與天地同流，豈曰小補之哉！」(〈盡心上〉)與「盡其心者，知其性也。」(〈盡心上〉)的說法，然孟子所存者與所盡者，是具有仁義禮智的道德本心，而揚雄所謂的心，是思慮的認知心，強調發揮心思的神妙作用。故揚雄汲取孟子「盡心存神」之名義，另而發展出別的義涵。

（四）尚智

「智」是中國心性論中的重要範疇，而尚智成為揚雄的重要主張前，歷代思想家多有述及，如老子在自然主義的基礎說：「絕聖棄智，民利百倍。」(《老子‧第 19 章》)講求「去智」；孔子曰：「唯上知與下愚不移。」(《論語‧陽貨》)以「以智說性」〔註92〕，與「仁者安仁，智者利仁」強調智以實現仁為落腳點；孟子以智為四端之一；漢代前期之《淮南子》繼承莊子的神概念，又轉化為「智之淵」，即重視心之智的重要；賈誼認為兼具智者與賢者才能成為聖人，與陸賈主張惟智者才能實踐合道之情性，則已有「尚智」的觀念。後董仲舒說「仁而不智則愛而不別也；智而不仁，則知而不為也。故仁者所愛

〔註92〕見本論文的第貳章之第二節「儒家之心性論」之「一、孔子之心性說」之「（一）以智說性而相近」之論述。

人類也，智者所以除其害也。」（《春秋繁露・必仁且智》）以仁智並重。又曰：
「義不訕上，智不危身，故遠者以義諱，近者以智畏，畏與義兼，則世逾近，
而言逾謹矣。」（《春秋繁露・楚莊王》）以智作為維護生命本體的要素。後漢
《易緯乾鑿度》曰：「故人生而應八卦之體，得五氣以為五常，仁義禮智信是
也。……故東方為仁，……故南方為禮，……故西方為義，……故北方為信。
夫四方之義皆統於中央，故乾坤艮巽位在四維中央，所以繩四方行也，智之
決也，故中央為智。故道興於仁，立於禮，理於義，定於信，成於智，五者道
德之分天人之際也。」以智居於中央，統其他道德，尚智的觀念已確定。

　　揚雄則在前人的發展中，強調以心思統領其他德性，並主張「由於情欲，
入自禽門；由於禮義，入自人門；由於獨智，入自聖門。」以禮義作為一般人
與禽獸的分別條件，而智為一般人入聖的臨界線。所以，揚雄有別前人將智
提升超越仁、義、禮等德性的地位。

小　結

　　此時期的心性論，在前期建立「以氣說性」的觀點後，明確地提出陰陽
二氣是構成心性的要素，與善惡的決定因素。雖此期之四家代表都持「陰陽
說心性」論，然其陰陽與心性、善惡的關係，是各有所分別的。董仲舒以陽為
善，陰為惡，而性屬陽，陰屬情，故性為陽為善，情為陰為惡，主張「性善情
惡」。董仲舒又主張「心統性情」，故心具有性、情之善惡的道德性，又兼具認
知作用。因此，董仲舒的心性論是屬於善惡相混的心性論。劉向主張「性陰
情陽」說，此陰陽是於講求二者的相應關係，認為性是情之未發，而情是性
之已發。但劉向又主張陽尊陰卑，故在「性」陰「情」的關係中，則視情為重
要決定性角色。也為給了劉向主張「情」決定心性善惡關鍵的形上根據。而
劉向對心性善惡的看法，沒有直接說明，然抽絲剝繭的結果，可肯定的，劉
向是持性善的說法。然就劉向較注重「已發」之情的實際經驗層面，所以，他
承認人有善的本質，但主張「善質不等善」，善須待學習才能發展出來。與董
仲舒認為善質不能等於善，性要待教而為善的觀點相同，只是董仲舒的心性
是善惡混，可見，二人都較關心善性是否能真正實踐於生活中。

　　而嚴遵認為萬物自生時，人得道與陰陽二氣之厚薄、清濁、高下之不同，
而成其性有精粗，心有疏密，故主張心性善惡混。揚雄認為天的陰陽二氣，

表現於人身上，稱為晦與明，即人之質性，亦即善惡混說。揚雄所說的「質性」，包括性與情來說，與董仲舒相同。又二人皆以陰為惡，陽為善。關於性，揚雄認為性是具有「仁義禮智信」之德性，對於情，則沒有直言情為陰為惡，而認為惡出於情。然以其性情是善惡混說，性為善，則情應屬惡的部分。因此，揚雄之性情分立陰陽與善惡的觀點，與董仲舒相同。只是揚雄更強調「智」的作用，認為「智」是入於「聖門」的重要條件。且揚雄是以聖人作為理想人格，而董仲舒不強調聖人，只要求「善成」。這或許在漢代思想家紛紛提出「聖王」為教化的理想者外，董仲舒只講求「王」的關係。再者，二人之心性論皆基於一個形上的宇宙論展開的，董仲舒是根源於一個有意志的主宰天，在「人以副天」為基礎建立的。而揚雄是以自然之玄，建立起具有超越性的心性理論。